대학생을 위한

인성·예절 교육

류 민 임

창지사

머리말

한 나라의 미래를 알려면 교육이 어떻게 이루어지고 있는지를 보면 알 수 있다고 한다.

과거 전통사회에서는 인성·예절 교육이 자연스럽게 가족구성원 속에서 이루어졌는데, 현대는 핵가족화되면서 가정이 맡아야 할 교육의 많은 부분이 학교와 사회, 국가로 책임이 전가되고 있다. 따라서 인성·예절 함양교육은 학교 교육의 최우선 지향점이라고 볼 수 있다. 그럼에도 불구하고 인성·예절 교육이 제대로 이루어지지 않고 있어 이제는 말이 아니라 실천이 필요한 시기가 되었다.

『논어(論語)』의 기본은 '인·의·예·지·신(仁義禮智信)'으로, 그중에서 인(仁)과 예(禮)가 큰 덕목으로 자리한다. 인(仁)은 자신처럼 다른 사람을 아끼고 사랑하며 배려하는 것이다. 이는 현대인에게 꼭 필요한 것이 아닐까 생각한다. 또 예(禮)란 인간이 지켜야 할 규범이며 도리인 것이다. 따라서 인성과 예절은 인간이 세상을 살아가면서 학문과 지식적인 면보다 더 요구되는 인격의 바탕을 좌우하는 밑거름이 된다고 볼 수 있다.

『손자병법(孫子兵法)』 모공편(謀攻篇)에 지피지기 "백전불태(知彼知己 百戰不殆)"라는 말이 있다. 적과 아군의 실정을 잘 비교 검토한 후 승산이 있을 때 싸운다면 백 번을 싸워도 결코 위태롭지 않다는 말이다. 또 Socrates의 "너 자신을 알라."라는 말처럼 자기 자신을 잘 이해하고, 자기계발을 할 수 있다면 시대의 변화와 흐름을 놓치지 않고 살아갈 수 있을 것이다.

이에 본서는 예비 사회인인 대학생들에게 요구되는 내용을 1부와 2부, 인성과 예절의 범주로 나누어 기술하였다. 1부에서는 인성교육이라는 측면에서 자아정체감, 자아존중감에 대한 자기탐색의 내용과 자기계발, 대인관계, 리더십, 진로탐색의 내용을 담았다. 2부에서는 예절교육이라는 내용으로 사회생활을 하는데 필요한 기본 생활예절과 의사소통 예절, 직장예절, 이미지 메이킹과 관련된 내용을 대학생에게 요구되는 내용 중심으로 정리하였다.

또 각 장마다 수업 내용과 관련하여 학생들이 직접 작성해 볼 수 있도록 활동지를 첨부하여 자신의 현재 상태와 위치에 대해 탐색해 볼 수 있도록 하였다. 본서를 통하여 자기 스스로 삶의 방향을 결정하고 나아갈 수 있도록 반짝이는 별 몇 개를 달아주려는 것이다.

대학생의 자기계발을 위하여 인성·예절 교육과 관련된 내용을 충실하게 담으려고 최대한 노력하여 집필하였으나, 아직 많이 부족한 것을 느끼면서 부끄러운 마음으로 집필을 마친다. 그러나 앞으로 부족한 부분에 대해서는 지속적인 연구와 노력을 통하여 하나씩 보완해 나갈 것을 다짐한다.

본서를 출판할 수 있도록 기회를 주신 창지사 김기섭 사장님과 편집을 맡아 수고해 주신 편집진들께 진심으로 감사드린다.

2019년 8월

류민임

차 례

PART I
인성교육

PART II

예절교육

PART I

인성교육

Chapter 1

인성 교육

1. 인성교육의 필요성과 목적

1) 인성교육의 필요성

현대사회는 고도의 산업 발달과 물질적 풍요를 누리게 되었으나, 그 역기능으로 가치관의 혼란과 각종 사회병리 현상이 가속화되고 있다. 핵가족화, 사회 구조와 기능의 변화 등으로 우리 문화가 가지고 있던 전통적인 예의범절과 가치는 상실되고 치열한 경쟁으로 인한 약육강식의 시대가 되었다. 이로 인해 개인 이기주의, 자본주의 사회의 꽃이라 불리는 돈이면 모든 것을 해결할 수 있다는 물질 만능주의, 핵가족화, 도시화 등으로 인한 공동체 의식 및 도덕성 상실 등이 점점 심해지고 있는데, 이는 우리 사회를 병들게 하는 원인이 되고 있다. 이러한 원인으로 물질은 풍요롭지만 정신은 더욱 황폐화되고 있으며, 각종 비도덕적이며 비윤리적인 사건들이 잇따르고 있다.

'2019년 청소년 통계'를 보면 2017년 기준 소년범죄자(18세 이하)는 72,759명이다. 유형별로는 절도, 사기, 횡령 등 재산범죄자가 29,056명(39.9%)으로 가장 많았으며, 공갈, 폭행, 상해 등 폭력범죄자는 21,043명(28.9%), 살인, 강도, 방화, 성폭력 등 흉악범죄자는 3,463명(4.8%)이었다(https://www.yna.co.kr/view/AKR20190501031900002?input=1195m).

또 청소년들의 범죄와 가출, 원조교제, 학교 폭력 등 청소년들의 각종 비행과 탈선은 증가하고 있으며, 인명 경시 풍조로 인한 청소년의 강도 살인 사건, 집단 따돌림으로 인한 자살 사건, 심지어는 자식이 부모를 살해하는 등 비윤리적인 사건들이 일어나 사람들을 경악하게 만든다.

이러한 사회적인 문제들로 인하여 인성교육에 관심을 갖게 되고 「인성교육진흥법」이 제정되게 되었다. 「인성교육진흥법」은 2013년부터 국회 인성교육 실천 포럼이 발족되면서 논의되기 시작하여 2014년 5월 26일 법안이 발의되고, 그 해 12월 29일 국회에서 만장일치로 통과되어 2015년 1월 20일 법률 제13004호로 제정(2015년 7월 21일 시행)되었다. 이 법은 인성교육을 의무로 규정한 세계 최초의 법이다.

「인성교육진흥법」 통과의 가장 큰 의미는 우리나라의 방향 전환을 제시했다는 것이다. 우리 사회에 만연한 물질주의와 이기주의로 예(禮)가 무너지고 각종 사회병리현상이 심화되는 상황을 인성교육 강화를 통해 바로잡아야 한다는 것이다. 이는 돈과 같은 물질에 밀려버린 인간의 가치를 되살리는 전환점이자, 1등만이 살아남는 경쟁위주의 우리 교육에 삶의 의미와 공동체의 가치를 돌이켜보는 귀한 계기를 마련한 것이다. 특히 「인성교육진흥법」의 핵심이 우리나라 건국이념이자 교육이념인 '홍익인간(弘益人間)'에 두고 있다는 것이다. 제1조에서 "「대한민국헌법」에 따른 인간으로서의 존엄과 가치를 보장하고 「교육기본법」에 따른 교육이념을 바탕으로 건전하고 올바른 인성(人性)을 갖춘 국민을 육성하여 국가사회의 발전에 이바지함을 목적으로 한다."고 밝혔다.

인성교육진흥법의 목적과 정의

제1조(목적) 이 법은 「대한민국헌법」에 따른 인간으로서의 존엄과 가치를 보장하고 「교육기본법」에 따른 교육이념을 바탕으로 건전하고 올바른 인성(人性)을 갖춘 국민을 육성하여 국가사회의 발전에 이바지함을 목적으로 한다.

제2조(정의) 이 법에서 사용하는 용어의 뜻은 다음과 같다.

1. "인성교육"이란 자신의 내면을 바르고 건전하게 가꾸고 타인, 공동체, 자연과 더불어 살아가는 데 필요한 인간다운 성품과 역량을 기르는 것을 목적으로 하는 교육을 말한다.
2. "핵심 가치·덕목"이란 인성교육의 목표가 되는 것으로 예(禮), 효(孝), 정직, 책임, 존중, 배려, 소통, 협동 등의 마음가짐이나 사람됨과 관련되는 핵심적인 가치 또는 덕목을 말한다.
3. "핵심 역량"이란 핵심 가치·덕목을 적극적이고 능동적으로 실천 또는 실행하는 데 필요한 지식과 공감·소통하는 의사소통능력이나 갈등해결능력 등이 통합된 능력을 말한다.

출처: 인성교육진흥법

전통적으로 인성교육의 역할을 담당해 오던 가정교육이 핵가족화로 인해 약화되어 가정에서 해야 하는 기본 생활습관 지도, 성격 형성, 가치관 형성을 위한 제 역할을 다하지 못하고 학교 등 사회기관으로 그 역할을 떠넘기고 있다. 그 결과 가정의 교육적 기능은 위축되고 있는 반면, 학교 교육의 기능은 비대해져 가고 있다(조은미, 2009).

가정교육보다 학교 교육에 의지하며 중·고등학교를 거쳐 대학을 온 학생들은 개인이 가지고 있는 가치관, 인생관, 종교관, 행동 특성, 기초 소양 등이 표현되는 기회가 많아지게 된다. 대학생활에서 주어지는 다양하고 풍부한 경험을 통해 많은 것을 배울 수 있는 기회가 되기도 하지만 학업 이외에 이성 교제, 교우관계, 진로 문제, 취업 문제, 부모로부터의 독립 등 중요한 문제들을 결정하고 해결해야 하는 기로에 서게 되기도 한다. 중·고등학교 시절을 통해 입시 위주의 주입식 교육에 적응되어 있던 대학생들에게 갑자기 주어지는 자유와 본인이 결정하고 해결해야 할 과업들로 자신에 대한 상실감과 좌절감 또는 열등의식, 자녀 수의 감소에 따른 과잉보호로 자율성 및 자신감의 부족 등으로 소극적인 태도를 갖게 된다. 이것은 대학에서의 중도 탈락과 학교 및 사회에서의 부적응 문제를 초래하고 있다. 이러한 다양한 문제들로 인하여 대학에서는 교양교육의 중요성을 인식하게 되었고, 그 내용으로 인성교육을 강조하게 되었다(이주희 외, 2009).

교육인적자원부(2004)는 대학교육에 대한 기업 CEO의 의식 조사 연구를 하였다. 그 결과 직원들의 인성관에 대한 대학교육의 효과적 측면에 대한 평가가 다른 항목보다 상대적으로 낮은 점수를 받았다. 이는 인성관에 대한 대학 교육의 효과를 저평가했다고 볼 수 있으므로 이에 대한 대책 마련이 필요하다고 하였다. 또한 전국경제인연합회(2004)에 의하면, 기업들이 신입 직원 교육 시 가장 중요시하는 사항은 인성과 태도 44%, 의식과 기업문화 22%, 업무 관련 지식 및 기술 22%인 것으로 나타났다. 이는 직원의 인성 및 태도를 다른 항목보다 더 우위에 두고 치중하고 있다는 것을 알 수 있다. 따라서 직장과 사회에서는 업무 관련 지식이나 기술 등의 다른 항목보다 인성교육을 더 필요로 하고 있음을 알 수 있다.

미국의 유명한 미래학자인 Naisbit는 현대사회를 고도기술(high-test), 고도감정(high-touch), 고도신뢰(high-trust)란 개념으로 설명하고 있다. 즉, 일반적으로 산업기술이 발달하면 할수록 인간관계는 단절되고 인간적인 접촉 또한 사라지며 표피화된다는 것이다. 그래서 산업기술이 발달할수록 인간적인 접촉에 대한 욕구는 고도로 커지며 인간의 믿음에 대한 욕구 또한 고도로 커지게 된다는 것이다(윤운성, 2000).

따라서 바람직하지 못한 인성을 가진 사람은 한 인간으로서 인간다운 삶을 불가능하게 만들며 사회적 혼란을 가져오게 되므로 개인의 삶은 물론 사회 전체의 안정을 위해서라도 바른 인성 형성이 중요하다고 할 수 있다. 이와 같이 현대사회에서 발생하는 비윤리적이고 비도덕적인 문제를 치유하기 위한 대안으로 인성교육의 필요성이 제기된다.

2) 인성교육의 목적

교육은 인간을 대상으로 하는 '인간의 가치 있는 활동'이라고 할 수 있다. 이러한 교육의 정의 속에는 가치개념과 인간을 전제로 한다는 사실이 포함되어 있다. 여기에서의 교육은 인간교육을 의미하는 것이므로 인성교육의 목적은 교육 자체의 목적을 포괄적으로 설명해 준다. 또한 인성교육은 교육의 목적이 인간다운 인간 육성에 있기 때문에 인간다운 인간이 되기 위해서는 지식과 기술뿐만 아니라 그 지식과 기술을 올바로 사용할 수 있는 인격과 품격을 갖추어야 하기 때문에 중요한 것이다(이정은, 2009).

한국교육학회(2001)에서 밝힌 인성교육의 목표는 다음과 같이 다섯 가지로 요약해 볼 수 있다.

첫째, 인성교육을 통해 자신에 대한 올바른 이해를 돕는다. 자기 자신을 올바르게 이해하는 사람은 자신에게 가장 합리적이고 현실적인 행동을 선택하고 실행할 수 있기 때문이다.

둘째, 인성교육을 통해 자신을 존중하고 수용하는 자세를 기른다. 이는 자신의 가치와 장점을 인식하면서 동시에 자신의 부족한 면도 인식함으로써 자신을 있는 그대로 받아들이는 것이다.

셋째, 인성교육을 통해 자기 통제 및 조절 능력을 함양한다. 자기통제 능력을 상실한 사람은 충동적으로 행동하게 되고, 자신이 속한 사회에서 용인되지 않는 행동으로 물의를 일으킬 수 있다. 바람직한 인성의 소유자는 자신의 본능적 충동이나 감정 때문에 좌절하기보다는 이를 사회적으로 용납되는 생산적이고 긍정적이며 적극적인 방식으로 승화시켜 표현한다.

넷째, 인성교육을 통해 올바른 현실감각을 배양한다. 이상이나 기대를 지나치게 앞세운 나머지 현실을 무시하고 행동하는 것은 타인과의 원만한 인간관계를 방해할 수 있다. 따라서 지나친 이상과 현실의 괴리에 빠질 수 있으므로 자신의 환경, 사회적 맥락 그리고 주어진 과제의 특징 등을 정확히 이해하는 현실에 기초한 사고는 건전한 인성의 필수적인 요소인 것이다.

다섯째, 인성교육을 통해 타인에 대한 공감적 이해와 타인 존중의 자세를 함양한다. 공감이라는 말은 타인의 감정을 공유하는 것으로서 상대방의 입장을 이해하면서도 결코 자신을 잃지 않는 것을 말한다. 솔직한 자기표현과 타인에 대한 공감적 이해는 보다 긍정적이고 성숙한 인간관계를 형성하는 토대가 된다.

이인숙(2011)은 인성교육의 목표를 다섯 가지로 제시하였다.

첫째, 자기 자신에 대한 올바른 이해를 통하여 청소년들이 자아정체감을 형성하고 고유의 개성을 발견하기 위하여 정확한 자기 이해가 이루어지도록 한다.

둘째, 잠재력 계발로 자기 안에 내재되어 있는 무한한 잠재력을 계발할 수 있는 다양한 교육적 경험을 제공한다.

셋째, 자율적인 문제해결 능력의 신장으로 인생은 끊임없이 새로운 문제가 발생하고 해결하면서 살아가는 과정이므로 청소년들에게 자신의 문제를 스스로 해결할 수 있는 능력을 길러준다.

넷째, 전인적 발달의 도모로 청소년들이 지적, 정의적, 신체적, 도덕적, 사회적 측면에서의 균형 있는 발달이 이루어지도록 몸과 마음의 건강을 증진시킬 수 있는 교육적 경험을 제공한다.

다섯째, 건전한 민주시민의 육성으로 현대 민주사회에서 요구되는 인간적 자질로서 책임감이 있고 협동적인 시민이 될 수 있도록 돕는다.

결국 인성교육의 목표는 인간으로서 지녀야 할 바람직한 성향을 지니게 하는 것으로서 개인적으로 만족스러우며 사회적으로 건설적인 삶을 영위하는 데 필요한 지식, 기능, 태도, 가치를 획득할 수 있도록 도와주는 것이라고 할 수 있다(임지영, 2004). 그리고 지·정·의(知·情·意) 모든 영역에서 조화롭고 통합된 가치관을 정립하여 자신을 존중하고 타인을 배려할 줄 알며, 자신의 발전과 함께 사회에 공헌하는 공동체의 일원으로서 바람직한 인격을 형성하여 더불어 살아가는 민주시민을 육성하는 데 있다(심미향, 2004). 인성교육은 무엇보다도 자기 자신을 바르고 정확하게 이해하도록 하여 합리적이고 현실적인 행동을 할 수 있는 인간다운 인간을 길러내는 데 있으므로 구체적인 목표를 실천해 가는 과정 속에서 바람직한 인성을 기르고 함양할 수 있다.

2. 인성교육의 개념

인성(人性)이란 용어는 인품, 인격, 성품, 사람 됨됨이 등의 용어로 학자 간 의견이 달라 확실한 구분이 어려워 혼용하여 사용하기도 한다. 인성의 사전적 의미는 '사람의 성품', '다른 사람과 구별되는 사고(思考)와 태도 및 행동의 특성'으로 정의되고 있다.

인성을 영어로 번역할 때는 personality 또는 character 등의 용어로 사용되고 있다. 일반적으로 심리학자들은 인성과 관련하여 'personality'라는 용어를 사용하고, 윤리학자들은 'character'라는 용어를 더욱 선호하여 왔다. 특히 심리학에서는 인간의 건전한 성격을 다루는 성장 심리학을 중심으로 인성에 대한 논의가 이루어졌다. 윤리학에서 사용하는 인성이라는 말은 한 개인에 있어서 실천적인 선택과 행동에 관련된 도덕적 특성을 뜻한다(이존구, 2003).

박균섭(2008)에 의하면, 인성은 한 개인이 통합적으로 보여주는 품성, 덕성, 인품, 인격들과 같은 계열 언어를 함축하는 개념으로 인성은 개인의 심리적 성향이나 행위를 일컫는다고 보았다. Comenuius는 『대교수학』에서 교육을 받지 않은 인간은 동물과 다를 바 없는 존재라고 역설함으로써 유아기부터 인간다움을 위한 교육을 강조하였다. Kant 역시 인간을 이성적 존재로 이끄는 교육을 통해서만 인간은 비로소 진정한 인간이 될 수 있다고 하였다(박경옥, 2010).

Aristoteles는 자연과 교육적 노력에 의한 태도, 습관의 형성을 중시하여 자연이성 습관이 조화를 잘 이룰 때 인간교육이 성공할 수 있다고 했다. 또 훌륭한 인격이란 바르게 행동(다른 사람과의 관계에서 그리고 자신과의 관계에서 옳은 행동)하며 살아가는 것으로 정의했다. Aristoteles는 현대사회에서 우리가 아주 잊기 쉬운 그 어떤 것을 상기시켜 주고 있다. 즉, 덕스러운 생활은 다른 사람들을 대상으로 하는 미덕뿐만 아니라 자기통제와 중용을 포함한 자신에 대한 미덕들을 말한다. 우리는 다른 사람들에 대해서 올바르게 행동하기 위해서는 우리 자신을 통제할 필요가 있다는 것이다(박장호·추병완, 2002).

인성은 사람이 태어날 때부터 가지고 있는 본연의 성질이다. 그 본연의 성질, 즉 성격에 사람의 됨됨이와 사람다움의 가치에 따른 인격이 내포되어 인성이 형성되는 것이다. 따라서 인성은 선천적으로 타고난 기질과 후천적으로 주어진 환경의 영향으로 개인의 가치관과 의지 등에 의해 변화하는 것이므로 처음부터 고정적인 모습으로 있는 것이 아니라 삶을 통해서 형성되어 가는 것을 의미한다.

여러 학자들의 인성에 대한 정의를 정리하면 <표 1>과 같다(강민지, 2010).

〈표 1〉 학자들의 인성에 대한 정의

학자(연도)	인성에 대한 정의
남궁달화 (1999)	인성은 사람의 성품을 가리키는 말로 '마음'과 '사람됨'의 두 가지 요소로 구성되어 있다. 마음은 지·정·의의 근원으로 정신작용의 총체이며, 동시에 시비선악을 판단하고 실천할 수 있는 능력이다. 사람됨은 통합된 마음을 바탕으로 가치의 실현을 통해 드러나는 모습이다. 개인적 차원에서는 자아를 실현하는 사람에게서, 사회적 차원에서는 도덕적 삶을 살아가는 사람에게서 찾아볼 수 있다. 다시 말해 인성은 사람의 지·정·의의 조화로운 발달을 통해 마음을 통합하고 가치를 추구하며 도덕적인 삶을 살아가는 삶의 모습이다.
문용린 (2000)	인성은 개인의 심리적이거나 행위적인 성향이다. 인성은 사람마다 달라서 내성적인 사람이 있는가 하면 외향적인 사람이 있으며, 도덕적인 사람이 있는가 하면 비도덕적인 사람이 있다.
추병완 (2000)	① 반인륜 행위의 폭발적 증가와 관련해 인성교육의 필요성을 주장한다. 이때의 인성이란, 인간다움 혹은 인간으로서의 바람직한 성품이나 성향, 즉 도덕성을 의미한다. ② 지나친 주지교육을 반대하는 가운데 인성교육의 필요성을 주장한다. 이때의 인성이란, 지덕체를 고루 갖춘 전인(whole person)의 이미지와 결부된다. ③ 학교 교육의 비인간화와 관련지어 인성교육의 필요성을 주장한다. 개성과 창의, 자율성을 함몰시키는 가운데 학생들을 도구화하는 경향 때문이다. 이때의 인성이란, 인간 중심의 의미를 내포한다.
조연순 (2007)	인성이란 자신의 내면적 요구와 사회 환경적 필요를 지혜롭게 잘 조화시킴으로써 세상에 유익함을 미치는 인간 고유의 특성이다.

이와 같이 인성의 개념에 대한 정의는 학자마다 다양하며, 그에 따라 인성교육의 방향도 다르다. 교육과학기술부에서는 인성교육을 도덕심, 사회성, 정서를 포함하는 바람직한 인간으로서의 성품을 기르는 교육이라고 설명한다. 따라서 여러 학자들의 인성교육에 대한 정의를 정리하면 <표 2>와 같다 .

〈표 2〉 학자들의 인성교육에 대한 정의

학자(연도)	인성교육에 대한 정의
손봉호 (1996)	현대 사회에서 주장하는 인성교육은 인격교육(character education)을 뜻한다. 인성교육이란 자아발견, 심미적 소양, 긍정적 생활 태도, 정의와 선악의 구별, 도덕적 책임의식, 도덕적으로 일관성 있게 행동할 수 있는 용기, 다른 사람에 대한 이해와 동정, 사회의식과 희생정신, 인권과 정의의 존중 등의 소양을 배양하는 것이다.
남궁달화 (1999)	인성교육은 마음의 발달을 위한 정서교육, 자아실현을 위한 가치교육, 더불어 살기 위한 도덕교육으로 규정하며, 이 세 가지를 인성교육의 구성 요소로 본다. 즉, 인성교육이란 마음을 교육하고 인간이 되는 것을 교육하는 것이다. 마음을 교육한다는 것은 지·정·의의 교육이며 가치의 교육이다. 가치교육은 결국 인성의 중요한 구성 요소인 인간됨을 교육하기 위한 것이다. 가치교육에 있어서 인간됨의 모습은 개인적 차원의 가치인 자아실현과 사회적 차원의 가치인 도덕적 삶으로 나누어 볼 수 있다. 두 차원 모두 가치교육이나, 편의상 전자를 '가치교육'으로 후자를 '도덕교육'으로 보며 이것은 인성교육의 두 요소이다.
추병완 (2000)	인성교육은 인간으로서 지녀야 할 바람직한 성향을 지니게 하는 의도적 교육이다. 즉, 학생들로 하여금 개인적으로 만족하고 사회적으로 건설적인 삶을 영위하는 데 필요한 지식, 기술, 태도, 가치를 습득하는 것을 도와주는 의도적이고 계획적인 교육이다. 특히 이러한 인성교육은 물질 만능주의 시대를 살고 있는 현대인의 인간성 상실에서 오는 것이라고 볼 때, '인간다운 바람직한 성품'을 기르는 교육이 절실히 필요하다.
강기수 (2007)	인성교육은 사람됨의 교육이고 가치의 교육이지만, 지식교육이나 교과교육에 대비되는 개념은 아니다. 오히려 지·정·의가 포함된 인격, 성격, 행동, 습관, 태도, 가치관 등을 올바르게 기르기 위한 모든 교육의 총칭이다.
조연순 (2007)	개인이 가지고 있는 개성을 발휘하여 사회 및 공동체에 이익을 줄 수 있는 인간으로서의 자질과 능력을 기르는 교육이다.
인성교육 진흥법 (2015)	인성교육이란 자신의 내면을 바르고 건전하게 가꾸고 타인, 공동체, 자연과 더불어 살아가는 데 필요한 인간다운 성품과 역량을 기르는 것을 목적으로 하는 교육을 말한다.

3. 인성의 특성

인성이 계발되었다는 것은 개인이 인격적으로 성숙하다는 것을 의미한다. 개인의 인성에 대해서 관심을 가지고 성숙한 인간으로 성장하기를 바라는 것은 자기실현을 통해 행복한 삶을 살고자 하기 때문이다. Allport의 성숙한 인격(mature personality)의 특성을 살펴보면 아래와 같다(이주희 외, 2012).

1) 자아의 확장

인간의 자아는 발달 초기에 개인 자신에게 초점이 맞추어지지만 다양한 경험을 통해 자아 영역이 확대되어 간다. 성숙한 사람은 다양하고 의미 있는 일에 관심을 가지고 경험과 참여를 통해 자기 자신의 자아를 확장시켜 나간다.

2) 타인과 우호적인 관계 형성

인간은 부모, 자식, 배우자, 친한 친구에게 친밀감과 사랑을 표현할 줄 안다. 또한 인간은 고통, 공포, 실패, 기쁨을 이해하는 능력을 지니고 있다. 이러한 표현력과 이해력으로 타인과의 관계를 우호적으로 형성할 수 있게 된다.

3) 정서적 안정

정서적 안정은 자기수용에서 기인된다. 자기수용이란 약점과 실패, 강점과 성공을 포함한 자기존재의 모든 양상을 있는 그대로 받아들이는 것을 뜻한다. 따라서 자기존재에 대한 자기수용을 통하여 정서적 안정을 도모하게 된다.

4) 현실적인 지각

성숙한 사람은 주어진 현상과 세계를 객관적으로 보며, 현실을 정확하게 지각하고 판단하여 미래를 예측하게 된다.

5) 과업에 대한 책임감

인간은 일에 대한 책임감을 통해 과업을 완수하고 성취감을 느끼며 삶의 의미를 갖는다. 이를 통해 긍정적이고 활력적이며 건강한 삶을 살아가게 된다.

6) 자신에 대한 이해

자기 자신이 어떤 사람이며 어떤 생각을 가지고 있는지에 대한 통찰력을 지니고 있다. 또한 다른 사람의 의견에 대해 수용적이고 개방적이어서 다른 사람이 자신을 어떻게 생각하고 있는지에 대해서도 이해하고 수용하는 자세를 갖는다.

7) 일관성 있는 삶의 철학

일관성 있는 삶의 철학을 바탕으로 미래지향적인 긴 안목을 가지고 목표와 계획을 가지고 살아간다. 자신의 삶을 통해 완수해야 할 과업에 대해 뚜렷한 목적의식과 의무감을 가지고 살아가게 된다.

Chapter 2

자기 이해

1. 자아정체감

1) 자아정체감에 대한 이해

자아정체감(self-identity)의 개념은 추상적이어서 학자마다 개념을 여러 가지 하위 요소로 나누어 설명하고 있다. Erikson(1980)은 자아정체감을 개인이 신체적으로 편안할 뿐 아니라 자기 자신의 심리적 욕구와 방어들을 자기 나름대로 독특하게 결합하여 자신이 속한 사회·문화적 환경 속에서 중요하게 생각하는 타인들로부터 인정받고 또 그들을 인정하는 상태로 간주했다. 정체감은 주관적인 측면과 객관적인 측면으로 구분했다. 주관적 측면은 개별적 정체감으로서 자기의 동질성과 연속성을 스스로 확신함과 동시에 타인도 인식하여 자기와 타인 양쪽의 인식이 일치한다고 믿는 심리적 안정감을 의미한다. 객관적 측면은 심리·사회적 정체감으로서 자신이 속한 집단과 사회에 대한 귀속감 또는 일체감을 의미한다.

자아정체감이란 자기 자신의 독특성에 대해 안정된 느낌을 갖는 것으로 행동이나 사고, 느낌의 변화에도 불구하고 내가 누구인가를 일관되게 인식하는 것이다. 자아정체감은 4개의 기본 차원으로 구성되어 있다. 첫째, 인간성 차원으로 각 개인은 인간이라는 인식이다. 둘째, 성별 차원으로 남성, 혹은 여성이라는 인식이다. 셋째, 개별성 차원으로 각 개인은 독특하다는 인식이다. 넷째, 계속성 차원으로 시간 경과에도 불구하고 동일한 사람이라는 인식이다. 안정된 정체감을 형성하기 위해서는 신체적 성숙, 추상적 사고능력의 발달, 정서적 안정이 선행되어야 하며 동시에 부모나 또래 집단의 영향으로부터 어느 정도 자유로울 수 있어야 한다(이철수, 2009)

Waterman(1985)은 자아정체감을 첫째, 자기에 대한 명확한 정의 내리기, 둘째, 인생의 목표, 가치, 신념에 대한 자신의 생각 정립하기, 셋째, 결정에 대한 실천적 활동하기, 넷째, 자아정체감을 갖기 위한 여러 가지 대안들 속에서 하나의 해결점을 찾기 위해 노력하기, 다섯째, 여러 대안들 속에서 정립된 자신을 수용하기, 여섯째, 보편적 실체로서가 아닌 개별적이고 독특한 자신의 특성에 대해 깨닫기, 일곱째, 자기의 미래에 대해 확신하기의 일곱 가지로 제시하고 있다. 자아정체감에 대한 하위 요소를 학자별로 살펴보면 다음과 같다(이현정, 2009, 재인용).

〈표 3〉 자아정체감 하위 요소

연구자	하위 요소
서봉연(1975)	안정성, 목표 지향성, 독특성, 대인역할 기대, 자기수용, 자기주장, 자기존재 인식, 대인관계
조학래(1996)	가치, 미래 계획, 독특성, 자기수용, 자율성, 사회성, 사회적응력
박아청(2003)	목표지향, 미래 확신, 자기수용, 주도성, 주체성, 친밀성
민하영·김경화·이영미(2007)	자아목표감, 자아수용감, 자아주도감, 대인친밀감
이현정(2009)	자기 수용성, 자기존재 의식, 미래 확신성, 목표 지향성, 주체성, 독특성, 주도성, 친밀성, 안정성

결국, 정체감이란 어떤 존재가 본질적으로 가지고 있는 특성, 또는 그 특성을 가진 존재를 의미하며, 자아정체감이란 '나는 누구인가?', '나는 주체적인 존재인가?', '나는 무엇을 하며 어떻게 살아가는가?', '인생에 의미는 무엇인가?'에 대한 의식적인 자각이다. 즉, 자기 자신에 대한 탐색적 물음과 그 물음에 대한 대답으로 자신의 의식, 가치, 능력, 역할, 위치 등에 대한 종합적인 '자기상'이라고 할 수 있다.

따라서 자아정체감은 개인의 적응과 자아실현을 돕는 중요한 요인으로서의 자기 수용성, 자기 가치성, 목표 지향성, 사회 적응성으로 하위 요소를 구성하여 제시하고자 한다.

첫째, 자기 수용성은 자기 자신에 대해 있는 그대로의 모습을 받아들이는 정도를 말한다. 자신이 가지고 있는 능력, 재능을 자신이 속한 사회·문화적 수준에 비추어 나타내는 정도이다.

둘째, 자기 가치성은 자신이 생각하고 있는 자신의 가치나 쓸모 정도를 말한다. 가족구성원 안에서의 가치, 대인관계에서의 가치, 사회구성원으로서의 가치 정도에 대한 인식수준을 의미한다.

셋째, 목표 지향성은 자신의 인생 목표에 대한 방향 인식, 현재 주어진 과업 수행과 목표의 연관성 등과 관련하여 미래 목표에 대해 지향하는 명확한 방향성에 대한 정도를 의미한다.

넷째, 사회 적응성은 모든 인간이 자신이 속한 사회의 여러 환경적인 조건과 사회구성원에게 요구되는 사항들에 대하여 자신의 행동과 태도를 변화시켜 사회에 적응하는 능력을 의미한다.

그렇다면 자기 자신에 대해 사람들은 얼마나 알고 있을까? 만약 자기 자신에 대해 얼마나 알고 있습니까? 라는 질문을 받는다면 자신에 대해 얼마나 잘 대답할 수 있을까? 대부분의 사람들은 자기 자신에 대해 잘 알고 있다고 생각한다.

그러나 '자신'에 대해 구체적으로 말하라고 하면 자신에 대해 아는 것이 그리 많지 않다는 것을 깨닫는다. 나를 가장 잘 알아야 하는 것이 나인데, 정작 내가 나에 대하여 잘 모르는 것이다.

대학생이 되기 전 고등학교까지는 미성년자로서 부모님의 보호를 받으며 자율적인 학습과 의지, 결정보다는 대부분 부모나 교사에 의한 학교생활, 일류대 진학을 위한 학교생활 등으로 인하여 자신의 정체성(identity)을 찾을 시간이 없었다. 따라서 대부분의 학생들은 자신의 재주와 능력을 알지 못하고 발휘하지도 못하였다(이영희 외, 2010).

그러나 대학생이 된 순간부터 주어진 상황에 스스로 판단하고 결정을 내려야 하며 자신의 미래에 대해서도 스스로 설계를 해야 한다. 이제 멋진 나의 미래 설계를 위해 나를 찾아보자. 나를 찾는 과정에서 자신과의 지속적인 대화를 통해 자신의 정체성을 확인하고 올바른 가치관과 삶의 중심철학이 되는 인생관을 정립해야 한다.

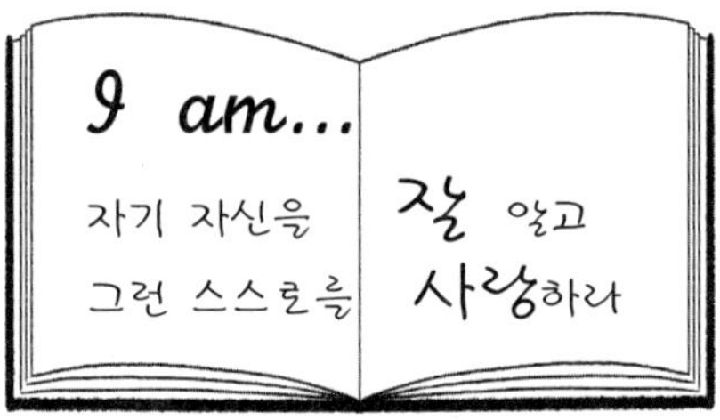

2) 자아정체감 발달

Erikson(1968)은 자아를 성격의 자율적 구조로 간주하고 인간의 행동과 기능의 기초로서 자아를 강조했다. 자아 형성에 영향을 주는 요인으로 부모, 가족 및 친족이 포함되는 가계의 역사적 상황을 들고, 자아 형성에 있어서 심리·역사적

(psycho historical) 환경을 강조했다. 자아정체감은 어느 한 시기에 형성되는 것이 아니라 아동기에 시작하여 성인기에 이르기까지 일생동안 계속적으로 발달해 간다고 보고 인간의 전 생애에 걸친 자아 발달에 관심을 가졌다.

Erikson이 제시한 심리사회적 발달은 8단계까지의 발달과제와 위기가 대립적으로 제시되어 있으며, 여기에서는 청소년기가 포함되는 5단계까지 제시하고자 한다(정옥분, 2004).

● 1단계 : 신뢰감 대 불신감(Trust VS. Mistrust)

출생부터 약 1세까지의 시기로 발달의 위기는 영아가 주변과 세상을 신뢰할 수 있느냐 없느냐의 여부에 관한 것으로 엄마의 관여가 신뢰의 초점이 된다. 신뢰감은 다른 사람에 대한 믿음과 자신에 대한 믿음을 포함한다. 이 시기에 아기를 돌봐주는 사람이 영아의 신체적, 심리적 욕구를 잘 충족시켜 주면 아기는 신뢰감을 형성하게 되고, 만약 욕구가 제대로 충족되지 못하면 불신감을 갖게 된다.

● 2단계 : 자율성 대 수치심과 회의감(Autonomy VS. Shame and Doubt)

약 1세부터 3세까지의 시기로 자율적이고 창의적인 사람이 되느냐 의존적이고 자기회의로 가득 찬 부끄러운 사람이 되느냐의 여부에 관한 것이다. 이 시기 유아는 다른 사람들에게 의존하고 있지만, 유아 자신의 행동을 통제할 수 있는 정도를 스스로 발견하는 과업이 요구된다.

● 3단계 : 주도성 대 죄책감(Initiative VS. Guilt)

3세부터 6세까지의 시기로 이때 경험하는 심리사회적 갈등은 주도성 대 죄책감의 발달이다. 호기심에 가득 찬 탐색의 마음으로 세상을 향해 주도적으로 돌진하는 것과 두려움이나 죄책감으로 인해 주저하는 것 사이에서 갈등이 발생한다. 이때 유아의 탐색과 주도성이 가혹한 질책과 직면하게 된다면, 그 결과는 죄책감으로 나타난다.

● 4단계 : 근면성 대 열등감(Industry VS. Inferiority)

6세부터 11세까지의 시기로 학교 교육이 시작되기 때문에 읽기, 쓰기, 셈하기 등 중요한 인지적 기술과 사회적 기술을 습득해야 한다. 만약 이러한 기술을 개발하지 못하게 되면 아동은 열등감을 느끼게 된다. 열등감은 아동이 그가 속한 사회에 대처함에 있어서 자신의 무능력이나 자신이 중요하지 않음을 지각하면서 생겨난다.

● 5단계 : 정체감 대 정체감 혼미(Identity VS. Identity confusion)

12세부터 18세까지의 시기로 청년기에 가장 중요한 발달 과업인 자아정체감의 확립이 되는 때이다. 정체감은 일생을 통해서 이룩해야 할 중요한 문제이기는 하지만, 특히 청년기가 정체감 형성에 있어서 결정적 시기라고 할 수 있다. 왜냐하면, 급격한 신체적 변화와 성적 성숙이 이루어지고 진학 문제, 전공 선택의 문제, 이성 문제 등 수많은 선택과 결정을 해야 하는 때가 바로 이 시기이기 때문이다.

3) 자아정체감의 범주

Marcia(1994)는 Erikson의 정체감 형성 이론 중 위기와 수행의 구성 요소 조합을 통해 자아정체감을 네 범주로 나누었다. 위기란 자신의 가치관에 대해 재평가하는 기간을 의미하고 수행은 계획, 가치, 신념 등에 대해 능동적 의사결정을 내린 상태를 의미한다. Marcia의 자아정체감 네 가지 범주는 다음과 같다(이주희 외, 2012).

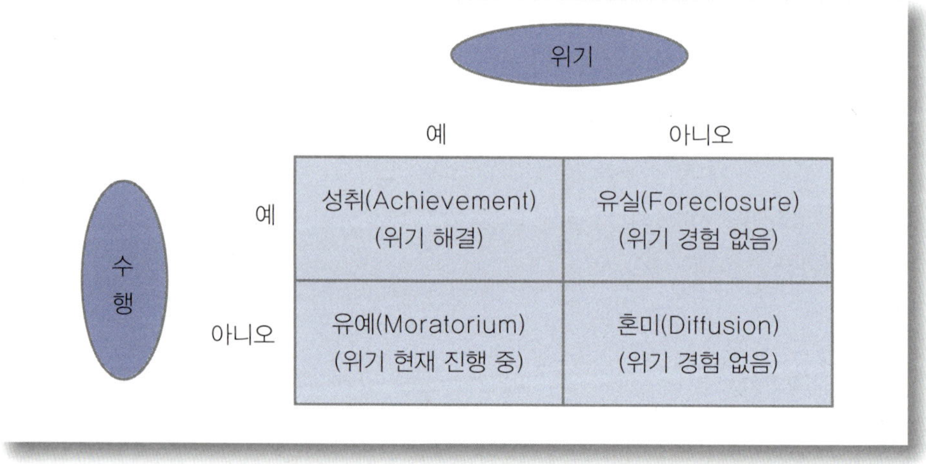

(1) 정체감 성취(Identity Achievement)

정체감 성취란 자아정체감 위기를 성공적으로 극복하여 자신의 신념과 직업 그리고 정치·사회적 견해 등에 대해 스스로 잘 인식하고 표현하며 의사결정을 할 수 있는 상태를 의미한다.

(2) 정체감 유예(Identity Moratorium)

정체감 유예란 많은 청소년들이 경험하고 있는 것이다. 현재 청소년들이 정체감 위기의 상태에 있으면서도 자아정체감을 형성하기 위해 다양한 역할과 신념, 그리고 행동 등을 시도해 보고 있는 중이나 의사결정을 하지 못한 상태를 말한다. 현재 이 범주로 분류된 사람들은 대부분은 정체감 성취로 옮겨가지만, 그중에는 더러 정체감 혼미 쪽으로 기울어지는 사람도 있다.

(3) 정체감 유실(Identity Foreclosure)

정체감 유실이란 대학 진학이나 직업을 선택하는 과정과 같은 중요한 의사결정 상황에서 자신의 신념을 여러 가지 대안을 찾아보지도 않고 부모나 형제, 교사와 같은 다른 역할 모델의 가치나 기대 등을 그대로 수용하여 선택해 버리는 경우를 말한다. 한 청소년에게 장래 희망이 무엇이냐고 물었을 때 의사라고 대답하였다. 그 이유를 물으면 '좋아하는 삼촌이 의사이기 때문'이라고 대답하거나 '부모님이 원하셔서'라고 한다. 이 청소년은 자신의 개인적 이유나 신념도 없고, 여러 가지 대안들을 탐색해 보지 않고 결정하는 것처럼 보인다. 즉, 고민과 혼란과 같은 위기를 경험하지 않고 주변의 모델을 통해서 쉽게 의사결정 하는 청소년들이 이 범주에 속한다.

(4) 정체감 혼미(Identity Diffusion)

정체감 혼미란 자아에 대해 안정되고 통합적인 견해를 갖는 데 실패한 상태를 의미한다. 정체감 혼미에 속하는 청소년은 위기를 경험하지 않았고 자신의 진로나 직업, 신념, 정치적 가치들에 대해 관심도 없다. 이러한 점은 정체감 유예와 구별되는 점인데, 정체감 유예는 청소년들이 비록 자아에 대해 통합된 견해를 갖지 못했더라도 정체감 문제를 해결하려고 열심히 노력하고 있는 중에 있다고 볼 수 있다.

자아정체감 체크리스트

번호	항목	대체로 그렇지 않다	보통이다	대체로 그렇다	항상 그렇다
1	나는 믿고 싶은 종교도 발견하지 못했으며 종교에 대해 깊이 생각해야 할 필요성도 느끼지 못한다.	1	2	3	4
2	남자와 여자의 역할에 관한 나의 생각은 나의 부모들의 생각과 같다.	1	2	3	4
3	나는 종교에 관해서 별로 생각해 본 적도 없고 종교문제가 대단한 것이라고 생각하지도 않는다.	1	2	3	4

번호	항목	대체로 그렇지 않다	보통이다	대체로 그렇다	항상 그렇다
4	가정생활에는 역할을 분담하기 위한 많은 방법들이 있는데 나는 내가 해야 할 역할이 무엇인가를 생각해 보고 있는 중이다.	1	2	3	4
5	나에게 적합하고 이상적인 생활방식을 찾기 위해 노력하고 있으나 아직 발견하지 못했다.	1	2	3	4
6	이상적인 이성 교제에 대해 생각해 봤으며 지금은 이상적인 이성 교제가 무엇인가 잘 안다.	1	2	3	4
7	나는 부모님이 원하는 직업을 그대로 선택할 것이다.	1	2	3	4
8	종교란 개인에게 독특한 것이며 나는 많은 생각 끝에 나의 종교를 결정했다.	1	2	3	4
9	나는 가정생활에 있어서 남자와 여자의 역할에 깊이 생각해 본 적이 없다.	1	2	3	4
10	나는 많은 생각 끝에 나에게 이상적인 생활방식이 무엇인가를 알았다.	1	2	3	4
11	나는 이성 교제에 관해 많이 생각하지 않으면서 이성과 교제를 한다.	1	2	3	4
12	나는 나에게 적절한 장래 직업이 무엇인지에 대해 별 관심이 없으며 내게 주어진 대로 아무 직업에나 종사할 것이다.	1	2	3	4
13	나는 종교가 무엇을 뜻하는지 잘 알지 못한다. 그래서 종교를 알고 선택하려 노력했으나 정하지 못했다.	1	2	3	4
14	가정생활에서의 남자와 여자의 역할에 관한 나의 생각은 부모님과 가족들을 통해 이루어졌다.	1	2	3	4
15	나는 친한 친구가 없으며 현재 친한 친구를 필요로 하지도 않는다.	1	2	3	4
16	나는 가끔 여가활동을 즐기지만 규칙적인 여가활동의 필요성을 느끼지 않는다.	1	2	3	4
17	나의 여가활동은 부모님의 여가활동과 매우 유사하며 다른 활동은 생각해 본 적도 없다.	1	2	3	4

번호	항목	대체로 그렇지 않다	보통이다	대체로 그렇다	항상 그렇다
18	나의 부모님은 이미 나의 미래 직업에 대해 결정하였고 나는 부모님의 계획에 따르고 있는 중이다.	1	2	3	4
19	종교에 관해 심각하게 생각해 보았고 나는 현재 나에게 적합한 종교를 선택했다.				
20	나는 가정에서 남편과 아내가 행하는 바람직한 역할 분담에 관해 생각하고 있는 중이다.				
21	부모님의 생활양식은 내게 알맞은 것으로 비추어지므로 나는 부모님의 생활양식을 그대로 따르고자 한다.				
22	나는 다양한 친구들이 있으며 그 친구들을 통해 내가 얻고자 하는 바가 무엇인지를 확실히 알고 있다.	1	2	3	4
23	나는 나의 가족들과 종교가 일치한다. 나는 그 점에 대해 왜 그래야 하는가 의심해 본 적이 없다.	1	2	3	4
24	나는 그냥 하루하루를 보내며 그 점에 대해 어떤 생각도 없다.	1	2	3	4
25	나는 친한 친구가 없으며 군중 속에서 방황하길 좋아한다.	1	2	3	4
26	나는 앞으로 즐길 수 있는 여가활동을 찾아내고자 여러 다양한 여가활동을 경험해 보고 있다.	1	2	3	4
27	나는 이성 교제 시 어떤 타입의 이성과 교제해야 할 것인가를 안다.	1	2	3	4
28	나는 장래 무슨 직업을 택할 것인가 결정할 수 없다. 때로는 이 직업이 맞는 것 같고, 때로는 저 직업이 맞는 것 같다.	1	2	3	4
29	나의 부모님에게 맞는 종교는 나에게도 틀림없이 맞을 것이고 그에 관한 의문을 품은 적도 없다.	1	2	3	4
30	남녀의 역할에 관한 의견이 너무나 분분해서 나는 그 점에 관해 별생각이 없다.	1	2	3	4
31	나의 가족들은 정치적·도덕적인 문제에 관해 그들대로의 신념을 가지고 있으며 나는 항상 그들이 생각하는 바를 그대로 따른다.	1	2	3	4

※ 평가표에 체크한 해당 수준의 문항별 점수를 아래의 자아정체감 발달수준 평가 점수표를 보고 합산하여 자신의 정체감 수준을 파악해 볼 수 있다.

〈자아정체감 발달 수준 평가 점수표〉

정체감 성취 수준(최고 24점) 6, 8, 10, 19, 22, 27번 문항의 총합점수 _______점	**정체감 유예 수준**(최고 24점) 4, 5, 13, 26, 28번 문항의 총합점수 _______점
정체감 유실 수준(최고 36점) 2, 7, 14, 17, 18, 21, 23, 29, 31번 문항의 총합점수 _______점	**정체감 혼미 수준**(최고 40점) 1, 3, 9, 11, 12, 15, 16, 24, 25, 30번 문항의 총합점수 _______점

나의 정체성 찾기

1. 내가 본질적으로 가지고 있는 특성(성격, 신체조건 등)

•

•

2. 나의 노력으로 가지게 된 특성(취미, 특기 등)

•

•

3. 나의 단점

•

•

4. 나를 한 문장으로 표현하면?

• 나는 (   )이다.

2. 자아존중감

1) 자아존중감 이해

자아존중감(自我尊重感, self-esteem)이란 자신이 사랑받을 만한 가치가 있는 소중한 존재이고 어떤 성과를 이루어낼 만한 유능한 사람이라고 믿는 마음이다. 이는 객관적이고 중립적인 기준이 아닌 사적인 판단이다. 이 용어는 미국의 의사이자 철학자인 윌리엄 제임스가 1890년대에 처음 사용하였으며, 자존심과 흔히 혼동되어 쓰이는 경우가 있다. 둘은 자신에 대한 긍정이라는 공통점이 있지만 세부적으로는 있는 그대로의 모습에 대한 긍정과 경쟁 속에서의 긍정이라는 다른 의미를 지니고 있다(http://ko.wikipedia.org/wiki/). 즉, 자아존중감이란 자신에 대한 전반적인 평가이며 스스로 능력이 있고 가치 있다고 여기는 정도를 말한다. 이러한 자존감은 현대인의 삶의 질을 결정하는 핵심적 요소 중 하나로 자리 잡고 있으며, 정신건강을 유지하기 위한 필수 요인으로 여겨지고 있다.

자존감이 높은 사람은 행복하고 안정적이며 애정이 있고 에너지가 많으며 순발력이 있다. 그래서 자신의 능력과 성취에 대해 보다 높은 확신을 가지고 있다고 보았다. 반면 자존감이 낮은 사람은 불행감과 분노를 자주 느끼고 쉽게 짜증을 내며 갈등을 자주 경험한다. 이로 인해 일반적으로 우울증상을 경험하는 것으로 보였으며 자신의 일부에 대한 부정적 피드백을 일반화하는 경향이 있고 새로운 변화를 위한 시도를 거의 하지 않는다. 낮은 자아존중감은 가정불화, 잘못된 육아, 인간관계에서의 문제 등에 근본적인 원인이 된다. 뿐만 아니라 다수의 범죄가 약물 남용, 실업률, 가난 때문에 일어나거나 또는 이유없이 일어나는데, 이러한 원인이 모두 낮은 자아존중감에서 비롯된다(정명화 외, 2010, 재인용).

다른 사람이 나를 어떻게 생각하느냐는 매우 중요하다. 나를 귀하고 좋게 여겨주면 나도 그런 사람이 되려고 노력을 하게 된다. 그런데 더 중요한 것은 나 스스로를 무엇이라고 생각하고 어떻게 부르느냐이다. 이렇게 자기 스스로를 존중하는 태도를 자아존중감이라고 한다. 당신의 자아존중감은 어떠한가?

멋진 사람은 바로 자아존중감을 가진 사람이다. 자아존중감은 자신을 인정하고 좋아하며 긍정적으로 평가하는 자세를 뜻한다. 즉, 자신을 존중하고 인정할 때 자기와 다른 사람들이 만족스럽고 인간관계가 원만하여 다른 사람에게 멋지게 보일 수 있다. 따라서 자아존중감의 높고 낮음은 진로에도 많은 영향을 미친다(이영희 외, 2010).

● 자신을 인정한다는 의미

① 각자 자신에게 타고난 성향들이 있다.
② 자신이 타고난 성향이 가장 좋고 적합하다.
③ 그 성향들을 발휘하고자 하는 성향도 타고난다.
④ 그에 따라 타고난 성향을 발휘하기 위해 노력하는 것이 중요하다.

● 자아존중감이 높은 사람이 자신에 대하여 생각하는 태도

① 자신의 타고난 성향을 있는 그대로 받아들이고 좋아한다.
② 자신이 타고나지 않은 것을 부러워하지 않는다.
③ 부족한 점에 대해서도 싫어하지 않고 받아들이면서 개선하려 노력한다.
④ 다른 사람들이 자신을 있는 모습 그대로 좋아하기를 기대하고 요구한다.

이런 자세로 자신을 존중할 때 자기와 다른 사람들은 만족스럽고 다른 사람과의 인간관계도 원만한 멋진 사람이다. 그러나 자존감이 낮은 사람은 그렇지 못하다. 즉, 사회적 상황에서 자주 긴장하고 어색함을 느끼기 때문에 다른 사람과의 의사소통에도 좋지 않은 영향을 미친다.

따라서 자기 자신의 자아존중감을 측정하여 봄으로써 현재 자신의 자아존중감은 어떤 상태인가를 알 수 있을 것이다. 자아존중감이 높은 사람은 높은 사람대로, 낮은 사람은 낮은 사람대로 자신을 이해하여 현재를 점검하는 것이 중요

한 일이다.

2) 자아존중감 높이기

자아존중감이 낮은 사람들은 진로를 결정하고 목표를 수립하는 데 여러 가지 문제들을 겪게 될 수 있다. 그 중 열등감, 우울 성향, 의사결정의 부족은 중요한 진로장벽의 원인이 될 수 있다. 이런 문제들은 낮은 자아존중감에서 생겨날 수 있음을 깨닫고 자아존중감을 높이는 훈련과 노력을 해야 한다. 또한 자아존중감에 큰 문제가 없는 사람들은 이번 기회를 통해 주변 사람들을 더 잘 이해하고 돕는 능력을 기를 수 있을 것이다.

자아존중감을 높이는 것은 쉽지 않다. 그렇지만 건강한 사회인으로 살아가기 위해서는 스스로를 먼저 인정하는 자아존중감이 무엇보다 중요하다. 따라서 시간이 걸리더라도 노력해서 자아존중감을 높일 필요가 있다. 자아존중감을 높이기 위해 우리의 사고를 아래와 같이 바꾸어보자(이영희 외, 2010).

(1) 나는 이 세상에 하나뿐인 작품이다

자신이 어떤 분야에서든 세계 최고가 아닐지는 모른다. 그러나 이 세상에 단 하나뿐인 유일한 존재로서의 자부심을 갖자. 자신을 이런 관점으로 본다는 것은 장·단점을 포함한 독특한 개성을 그대로 받아들여 자신의 장점을 활용하고 단점을 인정한다는 것을 의미한다. 다만 자신의 단점을 알고 한계를 인정하는 것은 필요하나 열등감으로 연결시키는 것은 바람직하지 못하다.

(2) 자신의 인생을 긍정적으로 보라

자신이 지금까지 가족, 친구, 친척 등 주변의 다른 이들에게 긍정적인 영향을 미친 일들에 대해 생각해 보고 자신감을 갖자. 그것은 곧 자신의 인생을 긍정적으로 바라보게 하는 힘을 갖게 될 것이다.

(3) 감정을 있는 그대로 인정하라

자신이 느끼고 있는 감정에 대해 어떻게 대처할지 바르게 인식하기 위해 우선 생각할 시간을 충분히 가져야 한다. 이를테면 갈등 상황을 회피하지 말고, 그 사실을 그대로 수용하라. 그리고 다른 사람이라면 그런 갈등 상황에 어떻게 대처할지 생각해 보자. 자신이 느끼는 것을 제대로 평가하는 것은 다른 이들과의 관계에서 더 정직하고 성실할 수 있도록 도와줄 것이다.

(4) 진솔한 친구를 두라

진솔한 친구는 열등감을 나누고 문제를 해결하는 데 도움이 된다. 또 상대방이 느끼는 것에 대해 즉각적으로 민감하게 반응해 줄 수 있기 때문에 자신의 갈등을 털어놓을 수 있는 솔직하고 믿을 만한 친구가 필요하다.

(5) 작은 모임에 참여하라

자신과 관심사가 비슷한 작은 모임이나 그룹에 참여하는 것이 좋다. 이런 모임을 통해 혼자 해결하지 못하는 문제를 같이 나누면서 해결방안을 찾을 수 있는 힘을 얻는다.

자아존중감을 높이기 위해 깨뜨려야 할 고정관념

- 모든 사람이 나를 사랑해야 한다.
- 나는 결코 실패해서는 안 된다.
- 나는 공정하게 대접을 받아야 한다.
- 나는 결코 고통을 경험해서는 안 된다.

자아존중감 체크리스트

※ 아래 항목들은 '여러분이 자신을 어떻게 보느냐'에 대한 생각을 나타내는 문항이다. 여러분의 생각을 잘 나타내 주는 곳에 체크해 보자.

〈범례〉 1. 대체로 그렇지 않다. 2. 보통이다. 3. 대체로 그렇다. 4. 항상 그렇다

문항	내용	1	2	3	4
1	나는 내가 다른 사람들처럼 가치 있는 사람이라고 생각한다.				
2	나는 좋은 성품을 가졌다고 생각한다.				
3	나는 나 자신에 대하여 긍정적인 태도를 가지고 있다.				
4	나는 대부분의 다른 사람들과 같이 일을 잘할 수가 있다.				
5	나는 나 자신에 대하여 대체로 만족한다.				
6	나는 자랑할 것이 별로 없다.				
7	나는 대체로 실패한 사람이라는 느낌이 든다.				
8	나는 나 자신을 좀 더 존경할 수 있으면 좋겠다.				
9	나는 가끔 나 자신이 쓸모없는 사람이라는 생각이 든다.				
10	나는 때때로 내가 좋지 않은 사람이라고 생각한다.				

※ 문항은 긍정적 문항(1~5번), 부정적 문항(6~10번)으로 구성되어 있다. 긍정적 문항은 그대로 점수를 계산하지만 부정적 문항의 경우는 반대로 채점하면 된다. 즉, 부정적 문항의 4점은 1점으로, 3점은 2점으로, 1점은 4점으로 처리한다. 점수가 높을수록 자아 존중감은 높은 것을 의미한다.

출처 : 이용규(2009). 대학생을 위한 진로지도.

3. 나에 대한 탐색

Socrates는 "너 자신을 알라(know yourself)."고 말했다. 나를 알기 위해서는 과거, 현재, 미래의 나를 파악해야 한다. 특히 자신을 바꾸고 싶다면 더욱 자신을 먼저 알아야 할 것이다. 미래의 나에 대해 알고 싶으면 과거의 나와 현재의 나는 누구인가를 알아야 한다. 과거 대가족 사회에서의 가치관과 현재 핵가족 중심의 사회에서 가치관은 많이 다르다. 따라서 자신을 좀 더 이해하기 위해서는 자신의 뿌리와 조상들에 대해 알 필요가 있다. 과거 없는 역사는 존재하지 않기 때문이다(김은석 외, 2011).

1) 나의 뿌리는?

현재의 나를 제대로 이해하기 위해서는 나의 뿌리를 먼저 찾아보아야 한다. 그것을 자기인식(self-awareness)이라고도 한다. 부모님의 그 부모님의 성함을 알아보고, 우리 조상 중에 역사적으로 이름이 알려진 조상이 있는지에 대해서도 찾아본다. 또 나의 성씨가 어느 조상으로부터 시작되었는지 성씨의 족보를 찾아보는 것도 괜찮을 것이다.

나의 뿌리 찾기

- 조상의 시조 : ㅇㅇㅇ씨 ㅇㅇㅇ파 ㅇㅇㅇ손
- 역사적으로 잘 알려진 조상 :
- 친할아버지, 친할머니의 성함 :
- 외할아버지, 외할머니의 성함 :

2) 나의 이름 분석

인간에게 이름 석 자는 매우 중요하다. 성이 무엇이며 이름이 나타내는 의미가 무엇인지를 자신의 이름 분석을 통하여 알아보자.

나의 이름 분석

- 이름 : 한글

  한자

  영문

- 이름 풀이 :

- 이름을 지어 주신 분 :

3) 나의 가족관계

가족의 이름과 생일 등을 알아보자. 한자 이름의 경우 잘 모를 수도 있으니 부모님께 여쭤보고 적는다. 가족의 한자 이름, 연세, 생일 정도는 쓸 수 있어야 한다.

나의 가족 관계

나와의 관계	성함	연세, 생년월일
예: 아버지	한글: 한자:	연　세:　　세 생년월일:　　년　　월　　일(음력/양력)
	한글: 한자	연　세:　　세 생년월일:　　년　　월　　일(음력/양력)
	한글: 한자	연　세:　　세 생년월일:　　년　　월　　일(음력/양력)
	한글: 한자	연　세:　　세 생년월일:　　년　　월　　일(음력/양력)
	한글: 한자	연　세:　　세 생년월일:　　년　　월　　일(음력/양력)

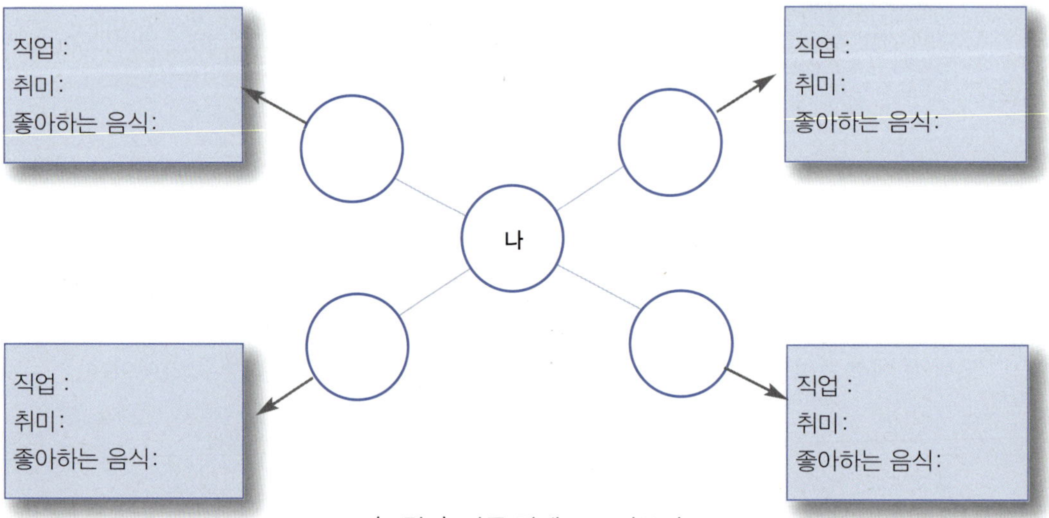

〈그림 1〉 가족 관계도 그려보기

4) 나의 현재 탐색

나 자신이 가지고 있는 것 중 숫자로 나타낼 수 있는 요소들과 자신이 생각하는 장·단점과 타인이 생각하는 장·단점을 작성한다. 또 버릇과 성격도 알아보기 위해 주변 사람들에게 물어보고 작성하자.

신체	나이: 키 : 몸무게:	신발 치수 : 시력: 좌( ), 우( ) 혈액형:
본인이 생각하는 장·단점	장점:	단점
타인이 생각하는 나의 장·단점	장점:	단점:
버릇과 성격	버릇 :	성격:
타인이 생각하는 나의 버릇과 성격	버릇 :	성격:
좋아하는 것들과 싫어하는 것들	좋아하는 것들:	싫어하는 것들:
내 인생의 좌우명		
내 인생에서 즐거웠던 순간		
내 묘비에 쓰고 싶은 말		

Chapter 3

나의 꿈은?

1. 나만의 꿈 찾기

"……

나는 오늘 나의 여러 친구들에게 말하노니, 나는 어려움과 좌절의 순간이 있었지만 아직도 꿈을 가지고 있습니다. 그것은 아메리칸 드림에 깊이 뿌리박는 꿈입니다…….

나는 언젠가는 조지아 주의 붉은 언덕에서 옛 노예의 자손들이 옛 노예 소유주의 자손들과 함께 형제애의 테이블에 앉을 수 있게 되리라는 꿈을 가지고 있습니다. 나는 나의 4명의 자녀들이 언젠가는 그들의 피부색으로 판단되지 않고 그들의 인품에 의해 판단되는 나라에서 살게 되리라는 꿈을 가지고 있습니다. 오늘 나에게는 꿈이 있습니다. 그리고 미국이 위대한 나라가 되려면, 이 꿈이 실현되어야 합니다.

…… 생략"

마틴 루터 킹이 1963년 링컨 기념관에서 한 연설인 "나에게는 꿈이 있습니다."라는 내용이다. 모든 사람들은 꿈(dream)을 이야기한다. 꿈을 이룬 사람이나 그렇지 못한 사람이나 자신의 꿈이 있다. 그런데 누군가 꿈이 무엇이냐고 물으면 선뜻 대답하지 못한다.

꿈의 사전적 의미는 "잠자는 동안 일어나는 심리적 현상의 연속, 실현시키고 싶은 희망이나 이상(理想), 실현될 가능성이 아주 작거나 전혀 없는 허무한 기대나 생각"이다. 나의 꿈을 이야기할 때 '꿈'은 실현시키고 싶은 희망이나 이상(理想)을 의미한다. 연약하지만 무모해서 더 아름답고 빛나던 어린 시절에 확실한 계획도 없이 꿈이라 부르던 것들이 많았다. 그러나 청소년이 되면서 전쟁 같은 대학 입시를 위하여 꿈을 가졌건, 치열한 사회 경쟁을 위해 꿈을 가졌건, 우리 각자는 꿈을 가지게 된다. 그런데 대부분의 사람들은 성인이 되면서 바쁜 삶의 일상 속에 꿈을 잊고 살아간다. 따라서 우리 삶의 원동력이 되는 꿈을 다시 찾는 것이 매우 중요하다.

우리는 꿈을 가져야 한다. 꿈이 있으면 그 꿈을 이룰수록 내일이 기다려진다. 그리고 그 일을 할 때 실수를 하더라도 또 다른 용기와 방법을 찾게 된다. 그러나 단지 목표만 있다면 그것을 이루고 났을 때 허무해질 것이다. 우리는 오늘보다 더 나은 내일을 위해 열심히 산다. 그것은 자신의 꿈을 실현하기 위해서이다. 하지만 무조건 노력한다고 해서 반드시 꿈이 실현되는 것은 아니다. 사실 꿈을 실현한 사람들이 걸어온 길을 살펴보면 노력보다 더 중요한 것이 있다는 것을 알 수 있다. 그것은 꿈꾸는 능력이다. 아무리 꿈을 품었더라도 꿈꾸는 능력이 부족하면 얼마 못 가 이런저런 이유로 포기하게 된다.

빌 게이츠는 아직 컴퓨터가 상용되지 않았던 시절 '모든 책상 위에 컴퓨터를, 모든 가정에 컴퓨터를'이라는 커다란 꿈을 가졌다. 이는 당시로써는 불가능한 일로 보였다. 그러나 지금은 모두 현실이 되었다. 그의 꿈 덕분에 빌 게이츠는 서른한 살의 나이에 역사상 가장 어린 억만장자가 되었다. 꿈을 이루기 위해서는 꿈에 대한 정당성과 명확한 비전을 가지고 있어야 한다. 생생하고도 명확한 꿈은 힘들고 어려움에 처해 있을 때 다시 일어설 수 있는 역동적인 에너지로 승화될 수 있는 것이다. 그러기에 목표는 자신의 삶을 이끌어가는 나침반이 되는 것이다.

꿈이 달성되려면 다음 세 가지 조건을 갖추어야 한다. 첫째, 지향하는 목표가 명확해야 하고 둘째, 절실히 원해야 하며 셋째, 중도에 물러서지 말아야 한다는 것이다. 결국 방향이 분명하고 간절하게 원하며 쉽게 포기하지 않고 최선을 다하면 운이 내 편이 된다는 것이다. 비록 지금은 자신의 꿈과 거리가 멀게 느껴지지만 이미 꿈을 이룬 모습을 상상하면 가슴속에서 에너지가 솟아날 것이다. 그렇게 되면 꿈을 실현하고 싶은 의지 또한 강해질 것이다. 그러기 위해서는 먼저 긍정적인 마인드를 가져야 한다. 우리 모두 어제보다 나은 내일의 삶을 위해서는 이상적인 생생한 꿈을 꾸어야 한다. 그리고 이 생생한 꿈의 실현을 위해 간절히 원하고 어떤 어려운 난제가 있다 하더라도 포기하지 말고 혼신의 힘을 경주해야 한다. 그러면 반드시 꿈은 이루어질 것이다(http://www.jbnews.com/news/articleView.html?idxno=1207458).

2. 꿈을 찾기 위한 SWOT 분석

나의 꿈을 찾기 위해서는 자신의 내면을 먼저 들여다볼 수 있어야 한다. 현재의 나를 알기 위해서 SWOT 분석을 하면서 나의 모습을 찾아보자.

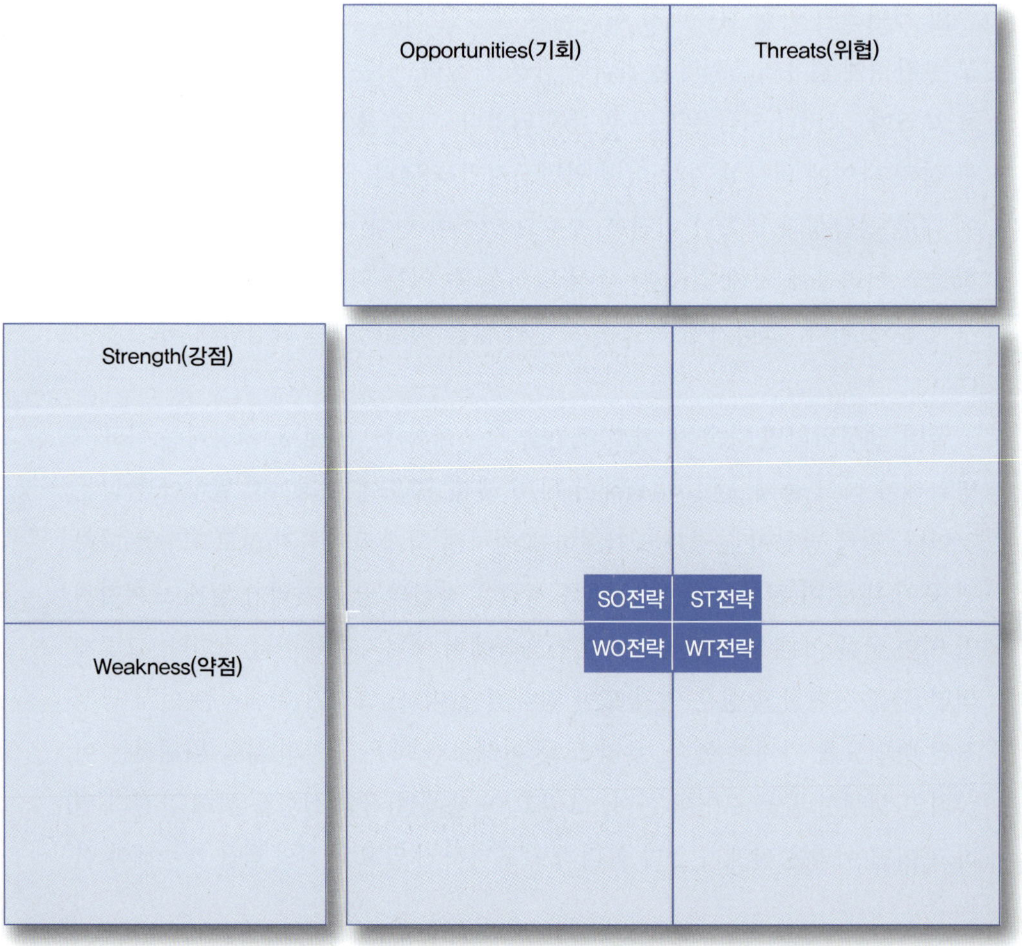

평소 내가 생각하는 내가 하고 싶은 일, 내가 가고 싶은 장소, 내가 가지고 싶은 물건, 내가 되고 싶은 모습을 생각나는 대로 적어 보자.

구분	명칭	이유
내가 하고 싶은 일	• 제주도여행 •	• 제주도를 한 번도 가보지 못해서 가보고 싶다. •
내가 가고 싶은 장소	• •	• •
내가 가지고 싶은 물건	• •	• •
내가 되고 싶은 모습	• •	• •

3. 꿈을 이루기 위한 목표 설정

꿈을 이루기 위해서는 현실을 거부하지 말고 동행해야 한다. 현재에 행복하지 않은 사람이 행복한 미래를 설계할 수 있다는 보장은 없다. 미래를 향해 앞만 달리는 현대인들에게 현재의 행복을 누리는 것을 사치라고 생각한다면 그것은 잘못된 생각이다. 그렇다고 현재에 만족하고 미래를 위해 노력하지 말라는 뜻은 아니다. 나의 꿈을 이루기 위해서는 미래와 현재 모두가 소중한 것이다.

무조건 행복해야 한다는 막연한 목표를 가진 사람과 자신의 현실에 맞게 실현

가능한 목표를 수립하고 천천히 준비하는 사람과는 큰 차이가 있다. 또한 목표를 세우는 데에도 원칙이 있다.

첫째, 목표를 구체화한다. 나의 꿈은 무엇인지, 꿈을 위하여 무엇을 준비하고 배울 것인지, 배우고 준비하는 기간을 얼마 동안으로 잡을 것인지 연령별로 구체적인 목표를 잡는다. 또 투자되는 돈의 경제성에 대하여도 생각하여야 한다.

둘째, 실현 가능한 것을 계획한다. 인생은 속도가 아니라 방향이다. 조금 늦더라도 원하는 방향으로 가는 것이 꿈을 이룰 수 있는 것이다. 예를 들어, 재무 상태에 맞지 않는 목표를 세워 꿈 자체를 포기하는 일은 없어야 한다.

이러한 내용을 바탕으로 잘 세워진 목표의 조건을 살펴보면 다음과 같다(조성진, 지희진, 2014).

- Specific: 목표는 구체적이고 명확해야 한다.

목표는 구체적이고 분명할수록 달성하기가 용이하다. '이 분야에서 최고가 될 거야.' 등의 막연한 기대에 근거한 목표는 달성되기 어렵다. '나는 35세까지 광고, 기획 분야의 국내 최고가 될 거야.' 등의 구체적인 목표를 설정해야 한다.

- Measurable: 측정 가능해야 한다.

목표는 측정 가능한 명확한 숫자로 표현되는 것이 좋다. '영어를 잘할 거야.' 라는 목표보다는 '나는 3개월 동안 토익 점수를 650점에서 850점으로 만들겠다.' 로 목표를 세워야 달성할 가능성이 높아진다. 그 이유는 목표에 도달하는 기간, 성과에 대한 수치 등의 측정이 가능하고 명확하기 때문이다.

- Action-oriented: 행동 지향적이어야 한다.

목표는 사고 중심적 보다는 행동 지향적으로 세워야 달성하기가 용이하다. '건강한 사람이 되자.'를 목표로 갖는다면 달성하기가 쉽지 않다. 그 이유는 이 목표를 실천해야 할 구체적인 행동이 명시되어 있지 않기 때문이다. 건강한 사람이 되기 위해서는 '나는 매일 30분씩 1주일에 5일 달리기를 하겠다.'와 같이 바뀌어야 목표를 달성할 수 있다.

● Realistic: 현실적이고 실현 가능해야 한다.

목표는 현실적이면서 실현가능성이 높아야 한다. '6개월 안에 변호사가 되겠다.' 또는 매일 술을 먹는 사람이 '내일부터 금주하겠다.' 등의 목표를 세우면 실현 가능할까? 실현가능성보다는 불가능에 가깝다. 목표에 따라서 한 번에 할 수 있는 것도 있지만, 천천히 시간을 가지고 이룰 수밖에 없는 것도 있기 때문이다.

● Timely: 적절한 시간을 배정하고, 즉시 실천할 수 있어야 한다.

목표에 도달하려면, 정해진 시간을 잘 활용하여 적절하게 시간을 배분하고, 즉시 실천할 수 있는 것 위주로 제시되어야 한다. 다이어트를 하려는 사람이 오늘까지만 먹고 내일부터 다이어트를 하려고 한다거나, 시험공부를 지금 즉시 시작하지 않고 저녁 먹고 하려고 한다거나 하다 보면 결국 실천에 옮기지 못하고 차일피일 미루게 된다. 따라서 다이어트를 하려면 지금 당장 시작하고, 시험공부를 하려면 지금 당장 책을 펴야 한다.

꿈에 한 발자국 다가서기 위하여 목표 설정을 위한 구체적인 일들을 적어보자.

구 분	구체적인 내용(자세하게 기술)
꿈을 이루기 위해 무엇을 준비할 것인가?	
꿈을 이루기 위해 누구의 도움이 필요한가?	
꿈을 이루기 위해 지금 내가 해야 하는 일은 무엇인가?	
나는 몇 세에 내 꿈을 이룰 것인가?	
꿈을 이룬 후에는 무엇을 할 것인가?	

Chapter 4

자신감과 자기계발

1. 자신감 향상

1) 자신감이란?

자신감이란 스스로 자신이 있다고 여겨지는 느낌 또는 마음을 말한다. 즉, 자기를 믿는 마음, 자신을 신뢰하는 마음이다. 보통 자신감이 있는 사람은 자신이 추구하는 것이 옳고 그것을 성취할 수 있다고 믿는다. 그렇지만 자신감이 결여되면 우울하고 집중력이 떨어지며 극도의 피곤함과 긴장감으로 두통이 생기고 매사에 의욕이 저하된다. 자신감을 가지고 생활하면 자신이 추구하는 목표를 이룰 수 있다.

우리는 스스로에게 이런 질문을 많이 한다.

내가 할 수 있을까?
나도 잘할 수 있을까?

"지피지기 백전불태(知彼知己 百戰不殆)"란 '나를 알고 상대를 알면 백 번을 싸워도 위태롭지 않다.'는 뜻으로 『손자병법(孫子兵法)』 모공편(謨攻篇)에 나오는 말이다.

'지피지기(知彼知己)면 백전백승(百戰百勝)' 또는 '지피지기(知彼知己)면 백전불패(百戰不敗)'로 사용하기도 한다. 사람이 자신을 아는 것은 이 세상을 사는 과정에서 안전한 삶을, 승리하는 삶을 살기 위한 가장 기본적인 조건이다.

결국 교육을 통해 추구하는 것도 세상과 나에 대한 앎이다. 세상에 대한 앎은 전문지식을 통해서 얻을 수 있지만, 나에 대한 앎은 어떻게 해야 얻을 수 있을까? 우리 각자가 자신을 어떻게 알고 있든 분명한 것은 내 모습이 이대로 멈춰 있지 않고 항상 변화한다는 사실이다. 그래서 모든 사람은 이왕이면 오늘보다는 나은 내일의 자기 모습을 기대한다. 그러면 어떻게 하면 그 바람대로 될 수 있을까?

중요한 것은 자신감을 갖는 것이다. 자신감은 행복하고 만족스럽게 사는 데 매우 중요한 역할을 한다. 자신감은 일의 성공부터 가정생활, 인간관계, 사회생활까지 모든 일에 영향을 미친다. 자신에 대한 확신은 가장 위대한 재산이다. 부와 명성이 높아도 좋지 못한 자아상을 대신할 수는 없다. 자신감이 부족한 사람들은 자신이 가지고 있는 충분한 실력을 발휘하지 못한다. 때로는 불안감과 스트레스 등의 정신적인 문제를 동반하기도 한다.

특히, 대학생이 되어서는 고등학교 시절과는 다르게 스스로 자신의 미래에 대한 목표를 세워서 도전해야 한다. 자신감이 결여되면 자신이 추구하는 것을 성취할 수 없기 때문에 무엇보다도 자신감을 갖는 것이 중요하다. 자신의 마음 깊숙한 곳에 숨겨져 있는 진정한 자신을 만나고 자신감을 쌓는 요령을 터득하는 것도 필요하다. 자신감을 쌓기 위해서 시간과 에너지를 쏟는 일은 자신의 인생에 투자하는 것과 다름없다. 모든 일에는 자신이 어떠한 마음과 목표를 가지고 정한 목표에 도달하기 위해 무엇을 실천해 나가느냐가 매우 중요하다. 따라서 침체되어 있다고 생각하는 자신의 삶에 열정과 도전으로 임하면 과거의 모습과 상관없이 현재의 멋진 자신을 만날 수 있을 것이다.

2) 자신감 향상시키기

자신감을 향상시키기 위해서는 무엇보다도 스스로를 인정하는 자존감을 가지는 태도가 중요하다. 또 자기 안에 숨어 있는 보석 같은 능력을 발견하여 내가 얼마나 중요하고 필요한 사람인지 자신의 정체성을 발견하여, 하고자 하는 일에 도전하고 실천하는 것이 중요하다. 보석 같은 능력을 발견해도 걱정만 하고 시작을 하지 않는다면 자신감을 향상시키기 어렵다. 따라서 자신감을 향상시키기 위한 도전적인 실천이 필요하다.

진로 결정에 있어서도 '나는 무엇을 해야 하나?', '나는 취업을 할 수 있을까?', '내가 잘할 수 있을까?'라고 걱정만 할 뿐 실행계획을 세우고 구체적인 준비를 하지 않는다면 자신감은 결코 생기지 않는다. 자신감을 향상시키기 위한 노력을 이영희와 그의 동료들(2010)의 내용을 바탕으로 재구성하면 다음과 같다.

● 주도적인 삶을 살아라

주도적으로 인생을 사는 사람은 삶에 장애물이 있어도 미루거나 물러서지 않고 스스로 선택하고 헤쳐나간다. 그래서 이런 사람은 다른 사람에 비해 더 큰 성취감을 얻을 수 있다. 성취감을 자주 느껴본 사람은 그렇지 않은 사람에 비해 더 큰 자신감을 가질 수 있다.

● 적절한 목표를 갖자

적절한 목표는 이루기 쉬운 목표가 아니다. 이루기 쉬운 목표는 성취감이 적거나 없기 때문에 자신감을 증진하는 데 별로 도움이 되지 않는다. 따라서 자신에게 적절한 목표는 자신의 성향과 흥미, 적성을 신중하게 고려해서 선택해야 한다.

● 일의 우선순위를 정해라

자신의 계획과 목표를 성공적으로 이루기 위해서는 먼저 해야 할 일과 나중에 해야 할 일, 중요한 일과 급한 일 등을 구분하여 진행하는 것이 좋다. 일의 우선순위를 정하여 실행한다는 것은 계획적으로 행동한다는 것을 말한다. 이는 순간적인 충동이나 욕구에 좌우되지 않도록 자신을 잘 조절한다는 것을 의미한다.

● 남의 평가에 얽매이지 마라

세상에는 특별한 가치가 없어도 사람들의 인기와 주목을 끄는 것이 많으므로 다른 사람의 평가나 인정 여부에 얽매여 자신감을 잃는 일이 없어야 한다. 진정한 자신감은 자신이 가치 있는 일을 할 때 생긴다.

● 항상 칭찬하라

칭찬은 자신감을 높이는 데 긍정적인 작용을 한다. 다른 사람을 칭찬하고 인정하는 데 인색하지 않은 사람은 그 자신도 상대방으로부터 칭찬과 인정을 받게 된다.

● 긍정적인 언어를 사용하자

"말이 씨가 된다."는 속담이 있듯이 부정적인 말보다는 긍정적인 말을 사용하면 자신감 향상에 도움이 된다. '넌 할 수 있어.', '잘될 거야.' 등의 긍정적인 표현으로 자신감을 갖자.

칭찬을 통한 자신감 향상

1. 나 자신에 대한 칭찬을 열 가지 찾아 적어보자.

-
-
-
-
-
-
-
-
-
-

2. 옆에 있는 친구와 서로 칭찬해 주는 말을 적어보자.

-
-
-
-
-
-
-
-
-

2. 자기계발

1) 자기계발에 대한 이해

대부분의 청소년들은 자기계발의 필요성과 중요성을 인식하고 있으나 자기계발을 위해 시간과 노력을 투자하지 않거나 할 수 없는 현실적인 상황에 직면해 있는 경우가 많다. 대학생활을 하는 동안에 주어진 전공분야의 과제와 학업으로 인하여 자기계발에 따로 투자할 시간을 확보하지 못한 경우도 있다. 그러나 그보다는 자기계발이 필요하다고 인식하거나 절박함과 위기의식을 가져야만 타인과 차별화될 수 있는 자신만의 능력을 계발하려고 노력할 것이다. 또 현재 자신의 상황, 졸업 후의 사회적 상황 등을 정확히 이해하고 자신의 강점과 약점을 면밀하게 파악하여 자기에게 필요하거나 활용도가 높은 부분의 능력을 계발하는 것이 가장 좋은 방법이다.

성공적인 자기계발에 대해 공병호(2008)는 다섯 가지 조언을 하였다.

첫째, 머릿속에 항상 자신만의 성장 궤도를 그려라. 뚜렷한 목표를 가지고 자신에게 투자하지 않으면 미래를 준비하는 데 별로 도움이 되지 않는다.

둘째, 젊음의 에너지를 한 곳에 투자하라. 돈은 다시 벌 수 있지만, 이미 지나간 시간과 에너지는 회수하기가 불가능하기 때문에 젊음의 에너지를 잘 활용하여 투자하여야 한다.

셋째, 현실의 여러 문제를 미래의 목적과 연결하라.

넷째, 실패의 경험에서 성공을 배팅하라. 신중함이 지나치면 너무 소심해져 미래 준비에 걸림돌이 될 수 있다. 사전에 충분히 준비하여 행동으로 옮길 수 있어야 하며, 때론 과감하게 배팅을 할 수 있어야 한다.

다섯째, 꼭 기억하라. 성공은 결코 어렵거나 복잡하지 않다. 가치 중심으로 생각하고 몇 가지 원칙을 고수하며 넓은 시야로 미래를 볼 수 있어야 한다.

자기계발을 위한 방법을 제시하면 다음과 같다(김은석 외, 2011).

첫째, 처음에는 자투리 시간을 활용하라.

자기계발을 하겠다는 다짐에도 불구하고 대부분의 사람들은 작심삼일이 되기 십상이다. 너무 거창한 계획은 이런저런 핑계로 미루거나 포기하게 된다. 행동에 앞선 과도한 의욕보다는 작은 것이라도 성취했다는 경험이 중요하다. 따라서 처음에는 자투리 시간을 활용하는 계획을 세우는 것이 좋다. '등교 시간에 영어 단어 3개 외우기', '강의가 빈 시간에 책 5페이지 읽기' 등 짧은 시간에 틈틈이 할 수 있는 작은 일부터 실천하여 습관으로 발전시키는 것이 필요하다.

둘째, 자신에게 필요한 부분을 계발하라.

'남들이 다 하는 분야니까 나도 해야지!'라는 생각은 나에게 맞지 않거나 흥미가 떨어지게 되면 쉽게 포기하게 된다. 따라서 꼭 자신에게 필요한 부분, 내가 지속적으로 흥미를 가질 수 있는 분야를 찾아 계발해야 한다.

셋째, 혼자 하지 말고 같이 하라.

자기계발에 관심을 갖는 사람들과 그룹을 이루고 같은 목표를 설정하여 추진해 보자. 혼자 하는 것보다 같이 하는 선의의 경쟁은 자기계발을 쉽고 빠르게 도와준다.

넷째, 요행수를 바라지 말고 꾸준히 하라.

자기계발은 자기가 도달하고자 하는 높이의 탑을 쌓는 것과 같다. 단기간에 높이를 올리거나 중간중간 건너뛰면 탑은 부실시공으로 무너지기 쉬울 것이다. 적어도 한 분야에서 성공하기 위해서는 그 분야에 '1만 시간'을 투자하여야 한다. 모차르트, 빌 게이츠 등 우리가 천재라 부르는 사람들도 성공에 도달하기까지 '1만 시간' 이상의 노력을 기울였다고 한다. 1만 시간은 하루 4시간씩 주 5일을 투자한다면 약 10년 정도 걸리는 시간이다. 오랜 기간 꾸준한 노력만이 평범을 비범으로 바꾸는 열쇠인 것이다.

다섯째, 현재를 살아라.

흘러넘치는 정보 홍수 속에서 대부분의 사람들은 관심 있는 분야가 아니면 주의를 기울이지 않는다. 변화하는 세상에서 자신만의 성을 쌓아 놓고 편협한 지식과 정보만을 받아들인다면 미래 사회의 요구를 깨닫지 못하게 될 것이다. 따라서 급변하는 세상에 민첩하게 대응하기 위해서는 미래 사회가 요구하는 것을 찾아야 한다. 현재에 요구되는 사회의 흐름과 현상, 문화 등 유행을 살핌으로써 미래를 예측할 수 있어야 한다.

여섯째, 가장 쉽고 효과가 높은 자기계발 방법은 독서다.

끊임없이 지식을 쌓아라. 책은 다른 사람들의 지식과 노하우를 쉽게 접할 수 있는 가장 유용한 수단이다. 독서의 중요성은 누구나 알지만 우리나라 평균 독서량은 5권을 넘지 않는다. 성공하는 사람들의 공통된 특성 중의 하나가 바로 독서이다. 한 달 용돈에서 조금만 투자하여 책을 구입하고, 구입한 책은 한 번만 보지 말고 꾸준히 반복해서 보도록 한다. 자기계발의 의욕을 북돋우며, 다양한 분야의 지식을 얻으려면 다양한 책들을 꾸준히 읽어야 하기 때문이다.

일곱째, 목표를 설정하라.

우리가 마트를 갔다고 가정해 보자. 우유를 사야겠다는 목표가 없으면 유제품 냉장고를 그냥 지나칠 것이다. 하지만 목표가 있다면 우유가 눈에 들어올 것이고, A 회사, B 회사, C 회사 제품들의 가격과 성분, 제조일자 등을 꼼꼼히 살펴보고 구입할 것이다. 우리의 삶도 마찬가지이다. 목표를 설정하지 않았을 때에는 그냥 무의미하게 흘러갈 수도 있는 많은 시간과 사건들이 목표를 갖는 순간 그 시간과 사건에 의미가 부여될 것이다.

미래의 자신과 만나기 위해서는 자신의 미래를 남에게 맡기지 말아야 한다. 자기계발은 '나를 위해', '나 스스로', '내 힘으로' 하는 것이다.

자기계발을 위한 추천도서

공병호의 초콜릿 / 공병호

부드러우면서도 깊은맛을 내는 맛있는 성공 이야기가 담겨 있다. 성공, 자기계발이라고 하면 강하고 단호한 이미지로 전달되는 경우가 많은데 저자는 초콜릿처럼 부드럽고 달콤하게 감성을 통한 메시지로 의미 전달을 하고 있다. 이 책은 삶의 속도감이 지나치다고 느껴질 때 특히 힘을 발휘할 수 있다. 카툰의 감성과 재미가 일상과의 단절을 더 쉽게 해주기 때문이다.

공자, 어질게 경영하라 / 리궈룽, 웨이샤오

동양 최고의 고전 논어, 동양문화 전반에 지대한 영향을 끼진 동양 최고의 사상서이자, 철학서인 논어의 가르침을 소개한 책이다. 인과 무위이치 관점으로 올바른 경영 마인드를 제시해준다. 지혜로운 인재관리, 뛰어난 지도력을 기르기 위한 13가지 방법을 제시하고 있다. 경영관리자가 아니더라도 조직생활을 하는 누구나 읽어도 사회를 살아가는 데 큰 도움을 준다.

관계의 품격 / 오노코로 신페이

24년간 2만 명이 넘는 사람들의 삶을 분석하여 인간관계를 능숙하게 맺는 사람들의 공통점을 낱낱이 밝힌 책이다. 인간관계를 잘 맺는 비결은 '거리 조절'에 있었다. 우리는 보통 좋은 관계를 유지하기 위해서는 가깝게 지내야 한다고 생각한다. 그런데 건강한 관계는 사람 사이의 적당한 거리를 지켜주는 데 있다고 이야기한다.

나는 오늘도 나를 응원한다 / 마리사 피어

상처 입은 자신감을 북돋워주고, 응원해 준다. 태어나면서부터 자신감을 가지고 태어나지만 여러 가지 상황과 현실에 부딪히면서 자신감이 약해지기도 한다. 이 책에서는 자신감을 회복할 수 있는 방법과 지침을 제시하고 있다.

나에게는 꿈이 있습니다 / 클레이븐 카슨

미국 인권 운동가 마틴루터 킹 목사의 자서전으로 비폭력주의에 대한 진지한 성찰과 그의 용기와 끈기에 대한 철학적, 도덕적 주장이 들어 있는 사상서라고 볼 수 있다.

누가 내 치즈를 옮겼을까? / 스펜서 존슨

생쥐와 꼬마가 매일 미로 속에서 자신이 제일 좋아하는 치즈를 찾아다닌다. 치즈를 찾는 과정에서 많은 변화의 순간을 마주하게 된다. 그 변화에 당당히 맞서고 슬기롭게 대처하는 지혜를 책을 통해 터득할 수 있다.

당신의 소중한 꿈을 이루는 보물지도 / 모치즈키 도시타카

30년 동안 10억을 투자하여 세계적인 부자들과 성공한 사람들을 연구하여 일반인들도 성공할 수 있는 최상의 성공 노하우인 꿈의 설계도를 만들었다. 사람이 꿈을 이루기 위해서는 생각처럼 어렵고 복잡한 과정이나 절차가 필요하지 않다고 말하고 있다. 자포자기한 사람에게 보다 쉽고 즐겁게 꿈을 현실로 바꿀 수 있는 방법을 제시하여 '자기만의 보물지도'를 만들 수 있도록 한다.

마시멜로 이야기 / 호아킴 데 포사다, 엘런 싱어

우리는 매일 선택을 하며 살아간다. 성공하기 위해 눈앞의 유혹을 이겨내고, 더 달콤하고 많은 마시멜로를 얻기 위해 무엇을 할 것인가를 꿈꾸고 그 꿈을 실천하도록 도와준다.

바보처럼 공부하고 천재처럼 꿈꿔라 / 신웅진

유엔 사무총장 반기문이 청소년에게 전하는 꿈과 희망의 메시지이다. 성공가능성이 높지 않았던 도전을 통해 꿈을 이룬 반기문, 청소년들에게 자신의 꿈을 품고 한 단계 한 단계 노력하며 나아갈 수 있도록 돕는 좋은 롤모델이다. 미래를 준비하는 성공의 방법을 안내해주는 책이다.

몰입의 즐거움 / 미하이 칙센트미하이

지금 하고 있는 일에 몰입하는 순간 삶이 변화된다. 일상에서 일어나는 일들에서 새로운 행복을 찾게 하고, 자기만족을 즐기기 위해서는 집중력 즉, 몰입이 필요하다고 강조한다. 몰입은 세상을 바꾸는 힘이 되기도 한다며 일상생활에서의 몰입의 중요성을 말하며, 일상을 과학적이고 구체적으로 분석한 자료들을 토대로 우리의 인생에서 일과 놀이가 어떤 영향을 미치는지를 분석하였다. 이러한 몰입의 즐거움을 통해 우리의 일상을 변화시키고자 하는 행복 이론서이다.

선택 / 스펜서 존슨

결정은 우리의 개인적인 삶뿐만 아니라 사회에도 중요한 영향을 끼친다. 우리가 내리는 하나하나의 결정이 쌓여 개인과 조직 그리고 전체 사회를 구성하기 때문에 우리의 선택과 결정이 최선이 될 수 있도록 도움을 준다.

성공한 CEO에서 위대한 인간으로 / 앤드루 카네기

어려운 가정에서 태어나 불우하게 자란 카네기는 미국 최대의 철강 회사를 만들어 세계 최고의 부자가 된다. 카네기는 '사람의 중요성'을 깨닫고 사람들과의 관계를 소중히 여기고, 배려함으로써 그들의 지지와 도움을 얻었다. 자기 혼자의 힘으로는 성공할 수 없다는 것을 알기 때문에 인간관계를 무엇보다 소중하게 생각하였다.

스티브 잡스의 세상을 바꾼 한마디 / 휴먼 스토리

위기의 순간마다 기지를 발휘해 혁신적인 삶을 보낸 스티브 잡스의 100여 가지 명언이 들어 있다. "가끔은 혁신을 추구하다 실수할 때도 있습니다. 하지만 빨리 인정하고 다른 혁신을 개선해 나가는 것이 최선입니다." 실패에 대한 발언이지만 우리에게 많은 것을 생각하게 하는 말이다.

습관의 힘 / 찰스 두히그

습관에 대하여 심도 있게 다루어 놓은 책이다. 습관이 삶에 중요하다는 것은 알지만 쉽게 습관을 바꾸지 못한다. 습관에 대하여 과학적이고 논리적으로 설명을 하면서 나쁜 습관에 대하여 자기 성찰을 할 수 있는 여유를 준다.

아웃라이어 / 말콤 글래드웰

"우리가 성공에 대해 알고 있는 것은 모두 틀렸다." 시대적 환경이 소수의 사람들에게만 좋은 기회를 제공해주었다고 설명해준다. 천재에 대해 '1만 시간의 법칙'을 제시하면서 천재는 하루아침에 이루어지지 않는다고 설명한다. 성공하기 위해서는 행운과 문화적 환경도 많은 부분 일조한다는 것을 일깨워주는 책이다.

아프니까 청춘이다 / 김난도

미래에 대한 불안감으로 힘들어하는 청춘들에게 눈앞의 이익을 생각하기보다는 자신의 열정에 가능성을 묻고 목적지를 향해 나아갈 수 있는 청소년들이 되기를 희망한다. 인생을 24시간으로 비유하여 청소년들에게 자신의 가능성을 계발시킬 수 있는 많은 시간이 있음을 말해주고, 각자 꽃을 피우는 시기가 따로 있음을 알고 포기하기 말고 멈추지 말라고 말해주고 있다.

📖 콘돌리자 라이스 최고의 영예 / 콘돌리자 라이스

미국 공화당 부통령 후보 물망에까지 올랐던 흑인 여성 콘돌리자 라이스의 자서전이다. 흑인 여성으로는 처음으로 백악관 국가안보보좌관에 이어 국무장관을 맡았던 정치분야의 세계적 여성 리더이다.

📖 폰드씨의 실천하는 하루 / 앤디 앤드루스

"지금 당장 실천하라, 당신의 하루는 길지 않다." 성공을 위한 일곱 가지 결단의 내용을 보다 깊이 있게 설명하고 있다. 일곱 가지 결단이 자신의 일상생활 속에 배어들도록 도와주는 실전훈련을 제시하여 우리가 삶에서 어떻게 결단을 실천할 수 있는지 자세한 방법을 제시하였다.

📖 프랭클린 자서전 / 벤자민 프랭클린

프랭클린은 자수성가형 모델로 전형적인 자기계발서이며, 성공스토리를 담아 놓은 책이다. 가난한 집안에서 태어나 철저한 자기관리와 시간관리, 노력과 근면 성실함으로 성공하고, 모든 이들에게 존경받는 인물이다. "당신의 인생을 사랑하십니까? 그렇다면 시간을 낭비하지 마십시오. 인생이라는 것은 오직 시간으로 이루어져 있습니다." 시간에 대해 다시 생각하게 하는 명언이다.

📖 365 매일 읽는 긍정의 한 줄 / 린다 피콘

동서양의 유명한 문학가, 예술인, 철학자들의 말과 글을 담은 책이다. 1년 동안 매일 매일 생활의 지침으로 삼을 수 있는 긍정의 한 줄, 그 마력이 긍정의 마인드를 심어줄 것이다.

자기계발을 위한 목표 정하기

※ 자기계발을 위해 내가 추구하고 있는 인생의 목표를 설정하고, 해당 목표에 대한 질문을 아래의 표에 작성한다.

• 인생의 목표 : ________________________________

구분	질문	내용 작성
결정시점	언제부터 이 목표를 중요하게 생각했습니까?	• •
결정계기	이 목표를 갖게 된 경험이나 계기는 무엇입니까?	• •
도움을 준 사람	이 목표를 갖게 되는 데 도움을 준 사람은 누구입니까?	• •
추구하는 가치	이 목표를 통해 궁극적으로 추구하는 가치는 무엇입니까?	• •

출처 : 정석용 외(2012). 자기계발과 직업.

2) 나의 장점은?

사람들은 누구나 자신만의 장점을 가지고 있다. 그렇지만 많은 사람들은 자신의 단점으로 인해 장점을 발견하지 못하고 지내는 경향이 있다. 자신의 장점을 발견하게 된다면 자신이 사회에서 얼마나 귀중하고 가치 있는 존재인지를 알게 될 것이다. 능력과 장점을 구분하는 것은 어려울지 모른다. 능력은 일상생활과 훈련을 통해서 습득되는 경우가 많지만, 장점은 대부분 자신의 자율적 의지에 의해 형성된다. 어려운 이웃을 도와주는 것, 돈을 주워 주인을 찾아주는 것, 서로 배려하고 협조하는 것 등 이러한 것들은 모두 자율의지에 의해서 생겨나는 것이다.

누구나 자기만의 장점을 가지고 있다. 더욱이 자신의 의지에 따라 결단을 내리고 노력한다면 더 많은 장점을 가질 수 있다. 사람들은 좋은 장점을 많이 가지고 있음에도 불구하고 아무런 장점이 없는 것처럼 말하곤 한다. 과거에는 겸손이 미덕이라고 했지만, 지금은 자신의 장점을 알려 사회로부터 인정을 받고 정정당당하게 승부할 줄 알아야 한다. 자기 스스로 장점이 없고 아무런 가치가 없는 사람이라고 자신을 부정하거나 평가절하하면 남들도 그렇게 보기 쉽다.

우리는 자신도 깨닫지 못하거나 모르고 지내는 장점을 가지고 있다. 이제 대학생활 동안 자신의 장점을 꾸준히 찾아 활용해야 하는데, 그러기 위해서는 무엇보다도 자신의 장점을 찾고자 하는 의지가 중요하다(이영희 외, 2010).

나의 장점 찾기

※ 제시된 단어들을 읽고 자기 자신이 가지고 있는 장점이라고 생각되는 항목에 모두 체크해 보자.

성실함		이성적		목표 지향성	
알뜰함		논리적		동료애	
자립심		인내심		개성	
융통성		유머성		독립적인	
합리성		높은 이상		친절한	
모험심		낙천성		꼼꼼함	
예술성		리더십		배려성	
관대함		강인성		믿음직한	
도전성		긍정적		봉사성	
협조성		재치 있는		양심	
사교성		의사결정이 빠른		사교성	
독창성		능동성		기타(　　　)	
책임감		예의 바른		기타(　　　)	
정확성		안정적인		기타(　　　)	

〈나의 장점으로 좋은 성과를 얻게 된 사례〉

1. 다른 사람이 인정하는 나의 장점은 어떤 것이 있는가?

2. 나의 장점을 통해 좋은 성과를 얻게 된 사례를 찾아 기술해 보자.

3) 나의 잠재능력 찾기

사람들은 흔히 능력은 타고나는 것이라고 생각한다. 그래서 타고난 능력을 발견하려고 한다. 하지만 능력은 경험과 연습의 결과로 만들어지고 계속 계발되는 것이다. 대부분의 사람들은 자신의 능력이 많이 부족하다고 생각한다. 이는 자신이 가지고 있는 능력을 대수롭지 않게 여기거나 사회가 중요하게 여기지 않을 것이라고 생각하기 때문이다. 사람이 생각하는 데 있어서 10%는 의식이, 90%는 잠재의식이 지배한다. 잠재능력이란 바로 잠재의식이 발휘하는 능력을 말한다.

자신의 내면에 숨겨져 있는 다양한 잠재능력을 발견하고, 그러한 능력으로 좋은 성과를 만들었던 경험들을 찾아내어 나 자신을 능력 있는 사람으로 만드는 것이 성공적인 삶을 위해 무엇보다도 중요하다. 우연히 어떤 일을 하였는데 기대 이상의 성과를 얻은 능력이라든지, 주위 사람들에게 칭찬을 받고 있는 능력 등을 발견하는 것이 자신의 진로를 결정하는 데 중요한 역할을 한다. 동기 부여와 자기실현으로 의욕을 심어주는 것이 잠재능력을 발휘하게 하는 기본이 된다.

아인슈타인은 학교 다닐 때 낙제받은 과목이 많았고, 대학 입학시험에도 떨어져 재수하여 물리학과에 입학하였다. 그래도 상대성 원리를 증명해냈고, 20세기 최고의 천재라고 불리고 있다. 세계 최고의 발명왕 에디슨, 어려서 정서불안정에 집중력이 떨어지고 집단생활에 적응도 못하고 성적도 낮은 주의력결핍과잉행동장애(ADHD)였다. 학교에서도 문제아로 취급받던 에디슨은 죽을 때까지 1,000여 개가 넘는 발명 특허를 얻었다. 실패를 뛰어넘는 도전정신이 그를 발명왕으로 만든 것이다. 또『해리포터』시리즈를 쓴 조앤 롤링은 비서로 일을 하면서도 멍하니 상상의 세계에 빠져 일을 엉망으로 해서 직장에서 쫓겨났다. 그녀는 오직 재미있는 이야기를 상상하고 이를 글로 옮기는 재능이 있었을 뿐이었다. 그 재능으로 조앤 롤링은 세계에서 가장 많은 인세수입을 올리는 작가, 영국인들이 셰익스피어 이래 가장 자랑스러워하는 작가가 되었다.

이렇듯 자신이 가지고 있는 잠재능력을 잘 발휘할 수 있도록 자신을 격려하고 계발하면 얼마든지 성공할 수 있고 행복한 삶을 살 수 있다. 대부분의 사람들은 평생 동안 자기 능력의 불과 5%만을 사용한다고 한다. 숨어 있거나 잠자고 있는 능력들을 계발하여 발휘하게 되면 미래의 행복은 여러분의 것이 될 것이다(이영희 외, 2010).

내가 많이 듣는 비난

1. 자신이 가장 많이 듣는 비난 다섯 가지
-
-
-
-
-

2. 비난이 자신에게 준 영향
-
-
-
-
-

3. 내가 상대방에게 자주 하는 비난의 말 다섯 가지
-
-
-
-
-

Chapter 5

자기관리

1. 자기공감

누군가에게 이해받고 있다고 느낄 때와 이해받지 못한다고 느낄 때는 언제인가? 누군가로부터 이해받지 못했다고 느낄 때 나는 주로 어떤 행동을 하게 되나? 인간관계에서 자기 자신에 대한 이해와 분석이 우선되면 원만한 인간관계를 형성할 수 있다.

1) 공감이란?

공감이란 상대방이 하는 말을 상대방의 관점에서 이해하고 상대방의 감정을 함께 느끼는 것이며, 공감의 방법은 그 이해를 적절한 말로 전달하는 것이다.

공감적 반응을 위해서는 여러 가지 노력이 필요하다(노이경 외, 2010).

첫째, 상대방의 말을 자신의 관점이 아닌 상대방의 관점에서 이해하려는 태도가 중요하다. 상대방의 입장이 된다는 것은, 예를 들면 상대방의 옷을 입어보고 신발을 신어보는 것이다. 비를 흠뻑 맞은 상대의 겉옷을 입어보기 전에는 그가 얼마나 축축하고 추운지 제대로 알지 못한다. 내가 그 사람의 입장에 서게 되면 그의 감정이 좀 더 생생하게 느껴지게 된다.

둘째, 상대방의 말 속에 담겨 있는 감정과 생각을 잘 포착해야 한다. 말의 표면적 내용뿐만 아니라 그 이면에 담겨 있는 상대방의 기분이나 감정을 이해하려는 노력이 필요하다.

셋째, 느낀 감정을 말로 표현하는 것이다. 내가 느낀 감정을 부드럽게 말로 표현할 수 있어야 한다.

따라서 개인 내적인 경험의 과정에 대해 이해하고 자신의 감정과 욕구를 잘 알아차리는 연습을 통해 자기 스스로 공감하는 능력을 키우는 것이 필요하다.

2) 감정의 표현

인간은 감정(느낌)의 존재이다. 감정이란 사람의 모든 행동에 수반되는 심적 상태로서 우리가 원하든 원하지 않든 언제나 경험하기 마련이다. 어린 아이들을 보면 있는 그대로 자신의 감정을 표현한다. 울고 싶을 때 맘껏 소리 내어 울고 기분 좋을 때는 까르르 온몸을 움직이며 웃어댄다. 그게 인간 본연의 자연스러운 모습이다. 그런데 커가면서 우리는 여러 가지 이유로 인해 점점 자신의 느낌들을 부정하거나 외면하게 된다.

그 결과 우리는 감정을 드러내기보다 억압하거나 부인하는 것을 오히려 당연한 것처럼 생각하고 감정을 겉으로 드러내는 것은 경솔해 보인다거나 점잖지 못한 것으로 여기며 살아왔다. 그러나 눌러둔 감정이 사라져 버리는 것은 아니다. 오히려 억압된 감정은 사람의 내부에 쌓이고 쌓여 어느 날 갑자기 폭발하기도 한다. 감정은 에너지이기 때문이다. 밖으로 폭발한 감정은 분노나 적개심이 되어 남에게 공격적인 말이나 행동으로 표현되고, 내부로 폭발한 감정은 신체적, 심리적 질병을 일으키기도 한다. 그래서 '화병'이라는 병명이 있기도 하다. 바로 이 화병이란 것이 눌러두고 쌓아둔 나의 부정적 감정들로 인해 신체적인 증상으로 나타나는 것을 말한다. 특별한 신체적 이상은 없으면서 불면증이나 위장계통의 질환, 두통 등을 호소하는 경우가 이에 해당한다.

그렇다면 부정적인 감정이 느껴질 때, 이는 어떻게 다루어야 할 것인가? 모른 척 외면하고 덮어둘 수도 없고 느껴지는 대로 드러낼 수도 없는 노릇이다.

부정적인 감정을 표현하는 방법은 보통 세 가지 정도가 있다.

첫째, 감정을 직접적으로 행동화하는 방법: 물리적 폭력이나 물건을 집어던지거나 부수는 행동으로 화를 표출하는 것이다. 행동으로 표현되는 부정적 감정은 자신과 타인에게 악영향을 끼친다.

둘째, 우회적으로 감정을 표현 혹은 판단하는 방법 : 당장은 드러내지 못하고 눌러놨다가 나중에 기회가 있으면 상대방을 거절한다든지, 비아냥거리는 등의 수동적인 공격을 말한다.

셋째, 감정을 말로 표현하는 방법 : 부정적인 감정을 자각하고 그것을 적절한 순간 말로 전달하는 것이다. 느낌을 말로 보고한다는 것은 다른 사람들에게 우리의 정서 상태에 관한 정확한 정보를 제공해 주기 위해 느낌이 일어난 때에 과격한 행동이나 판단, 비난 없이 우리의 느낌을 그대로 진술하는 것을 말한다. 부정적인 감정을 말로 전달한다는 것이 얼핏 생각하면 상대방을 향한 공격이나 비난인 것 같지만 그렇지 않다. 다만 그 순간 자신의 느낌을 정직하게 알려주는 것뿐이다.

내 감정을 솔직하게 말로 표현하는 것은 마치 신호등과 같은 역할을 한다. 내 신호등이 빨간 불이면 상대방이 함부로 건너오지 않을 것이다. 그러므로 나의 감정 상태를 상대방에게 알려준다는 것은 나를 보호하는 길이기도 하다. 그래서 우리는 부정적인 감정을 말로 표현하는 연습을 할 필요가 있다.

대화의 과정에서는 상대방의 말을 잘 경청할 뿐 아니라 그에 대해 적절한 반응을 보여주는 일이 중요하다. 인간관계는 서로 다른 생각과 견해를 지닌 사람들이 상호작용하는 과정이다. 내 의견과 아무리 다르고 내 입장에서는 도무지 이해되지 않는 상황일지라도 상대의 입장에서는 다 할 말이 있고 정당한 이유가 있다. 그러므로 자신의 의견만을 주장하기보다는 상대방의 의견을 존중하며 서로 의견을 조율해 가는 것이 원활한 인간관계의 필수적 요소이다. 사람들은 자신이 이해받았다고 느낄 때 비로소 자신을 되돌아보고 변화시킬 수 있다. 이처럼 원활하고 깊이 있는 인간관계를 위해 필수적인 것이 공감적 태도이다(노이경 외, 2010).

희로애락 감정 표현하기

※ 해당 감정에 표현되는 단어들을 적어보자.

〈부정적 정서를 나타내는 표현〉	〈긍정적 정서를 나타내는 표현〉
① 슬픔, 근심	① 기쁨, 즐거움
② 두려움, 불안함	② 애정, 관심
③ 분노, 화	③ 능력, 자신감

2. 시간 관리

시간 관리 기술은 타고나는 것이 아니다. 스스로 계발해야 하는 것이다. 시간 관리를 잘하려면 지금부터 시간을 허비하지 않을 수 있도록 준비해야 한다. 그

려려면 자신의 일하는 습관을 파악해 보아야 한다. 자신이 시간을 어떻게 쓰는지 세밀하게 나누어 보아야 한다. 일이 닥치면 허둥거리거나 다른 사람들이 당신의 시간을 통째로 가져가 버리게 내버려두어서는 안 된다.

"시간을 정복하는 자가 인생에서 승리한다."는 말이 있다. 자신이 의도한 바를 성취하기 위해 제일 중요한 것이 시간의 효율적인 활용이다. 모든 사람들에게 하루 24시간 똑같이 주어진 유용한 자원인 시간을 어떻게 활용하느냐에 따라 자신의 목표에 도달할 수도 있고 그렇지 않을 수도 있기 때문이다. 시간은 저장되는 것이 아니므로 흘러가버리면 붙잡을 수 없다. 그러므로 시간 관리는 단순히 시간만 관리하는 것이 아니라 결국은 자신의 전체 인생을 잘 관리할 수 있게 된다.

효율적인 시간 관리는 남보다 앞서가거나 다른 사람보다 더 많은 것을 얻을 수 있는 초석이 된다. 그렇다면 시간을 효율적으로 관리하는 방법은 무엇인가? 효율적인 시간 관리 방법으로 Peter는 시간을 기록하고(Recording time), 시간을 관리하고(Managing time), 시간을 통합하라(Consolidating time)고 조언한다. 또한 시간 관리의 다섯 가지 단계로 'ABCDE 기법'을 권장하기도 한다. 'ABC DE 기법'이란 일의 우선순위에 따른 방법이다.

- A(Absolutely important things)는 가장 우선해서 해야 할 일, 즉 중요도가 높은 것을 먼저 하라는 것이다.
- B(Basically important things)는 그 다음 순위의 중요한 일을 찾아서 해라.
- C(Common things)는 세 번째 순서로 일상적으로 하는 일을 해라.
- D(Delegate things)는 다른 사람에게 부탁할 수 있는 일로 순서대로 하고 시간이 될 때 하라는 의미이다.
- E(Erased things)는 영구히 잊어버릴 일, 불필요한 일들을 마지막으로 그 순위까지 시간이 될 때에만 하라는 의미이다(정석용·이규은, 2012).

효율적인 시간 관리법은 다음과 같다(강나경, 2012).

(1) 큰 목표를 세운 뒤 작은 목표를 정한다

시간 관리는 마음가짐이 중요하다. 마음가짐에 따라 자신의 인생을 통제할 수 있기 때문이다. 인생의 최종 목표를 정한 후에 20대, 30대, 40대, 50대, 60대에 무엇을 할지 중간 목표를 정한다. 그런 다음 연간계획을 세우고, 그에 따르는 월간계획을 세운다. 이어서 주간계획을 짜고 무엇에 주력할지를 결정한다. 계획을 수립하는 과정에서 시간을 어떻게 효율적으로 활용해야 할지를 숙고해야 한다. 계획은 구체적으로 세우고 기한을 정해 잘 보이는 곳에 비치하여 수시로 보면서 자신을 점검해야 한다.

(2) 시간 관리의 기술을 터득한다

① 계획과 일정표의 차이를 알아야 한다.

계획이란 자신의 의지로 어느 정도 통제가 가능한 것을 의미한다. 일정표는 자신이 마음대로 바꿀 수 없는 것을 말한다. 자신의 목표를 위해서 우선순위를 정해 놓고, 그 일에 따라 일정표를 정한다면 보다 효율적인 시간 관리가 될 것이다.

② 가용(可用) 시간을 활용한다

가용 시간이란 자신이 임의로 쓸 수 있는 시간을 말한다. 즉, 일정표에 들어가 있지 않은 시간대이다. 예를 들면 회의가 10시에 끝난 뒤 11시까지 스케줄이 잡혀 있지 않다면, 그 시간대가 가용 시간이다. 이러한 가용 시간을 계획적으로 활용하려면 목적의식과 지혜가 필요하다.

③ 자투리 시간을 활용한다

하루 생활 중 30분 이내의 자투리 시간이 생각보다 많다. 이 자투리 시간을 잘 보낼 수 있는 아이디어를 생각해 내야 한다. 예를 들면 이메일에 대한 답신을 보낸다거나, 책상 위 물건을 정리한다거나 영어 단어를 외운다거나 신문을 본다거나 등으로 자투리 시간을 유용하게 사용하는 계획도 시간 관리에서 중요하다.

④ 시간 도둑을 제거해야 한다

시간을 계획적으로 잘 보내려 노력해도 외부적인 요인에 의해 시간을 허비하게 된다면, 그 외부적인 요인이 바로 시간 도둑이다. 예를 들면 친구의 하소연을 장시간 들어줘야 할 경우에도 적당히 들어준 후에 전화를 끊을 수 있는 용단이 필요하다. 회의가 쓸데없이 길어질 때는 회의 시간을 단축시키기 위한 아이디어를 내서 시간 도둑을 제거해야 한다. 동료의 수다로 마냥 시간이 낭비될 때도 눈치껏 마무리를 하게 해야 한다.

⑤ 우선순위에 충실해야 한다

시간 관리를 잘하기 위해서는 일간계획과 주간계획을 잘 세워야 한다. 일간·주간 계획에 우선순위 1위, 2위, 3위 등을 정해 놓고 그에 따라서 실천을 해나가야 한다. 실천이 없는 계획이란 무용지물이다.

(3) 유연성 있게 계획을 세운다

생활을 하다 보면 예기치 않은 일들이 생긴다. 따라서 일주일 가운데 하루는 예비일로 정해 놓고 20~30% 정도 여유 있게 시간 계획을 짠다. 계획을 연필로 적어 변경되면 지우고 다시 적을 수 있도록 한다.

(4) 익숙해질 때까지는 타율적인 일정 관리에 의존한다

스스로 일정에 따라 생활하기가 힘들 경우에는 시간 관리에 익숙해질 때까지 TV, 라디오 강좌를 시간에 맞춰 학습하는 리듬을 가져본다. 이것은 시간 관리를 몸으로 받아들이는 좋은 방법이 된다. 길들여진 습관을 바꾸기 위해서는 약 3개월 정도는 시간이 필요하다.

(5) 돈으로 시간을 사라

출근하는 데 2시간이 걸린다면 직장 근처로 이사를 가는 것이 장기적으로 보았을 때 시간 관리에 성공할 수 있는 방법이다. 자신을 계발하고 계획된 목표를 위해서는 길거리에 버리는 시간을 아까워해야 한다. 돈을 들여서라도 직장 가까이에서 출·퇴근(통학)할 수 있도록 투자할 필요가 있다.

(6) 쉴 때는 즐거운 일을 한다

휴식을 가질 때는 본인이 스트레스 받는 일과는 전혀 성격이 다른 일이나 활동을 하면서 재충전을 한다.

(7) 계속하는 것이 힘이다

하루아침에 1,000계단을 쉬지 않고 오를 수는 없다. 꾸준하게 연습하고 지속적으로 운동하면 가능한 일이다. 따라서 계획한 일을 꾸준하게 지속적으로 해나간다면 발전과 변화는 분명히 온다. 계획을 지속해서 실행하기 위해 부단한 노력을 하면 성공이 기다리고 있다.

(8) 딱딱한 일과 부드러운 일을 섞는다

15분 단위로 시간 계획을 짠다. 한 시간 중 3단위인 45분을 일이나 학습을 하고 15분은 휴식을 취하는 방법을 강구하는 것이다. 3시간 열심히 일(학습)하고 30분 쉬는 것보다 45분 일(학습)하고 15분 쉬는 게 이상적이다. 사정이 여의치 않으면 한 시간에 5~10분이라도 쉬는 것이 집중력을 높이는 데 더 효과적이다. 시간을 계획할 때에 휴식 시간을 반드시 설정하고 그 휴식 시간에 자기가 좋아하는 활동을 하면 기분전환의 효과가 크다.

(9) 이동 시의 시간 계획도 한다

시간 낭비를 적으로 생각하고 버스, 지하철 안에서도 15분을 한 단위로 계획을 세워 생산적인 시간을 갖는다. 따라서 두세 가지의 교통수단을 바꿔가며 목적지에 가는 것보다 시간이 더 걸리더라도 한 가지 교통수단의 공간에 있으면서 계획된 시간에 충실하다가 내리는 것이 시간을 유용하게 쓰는 방법이다. 그러기 위해서는 조금 더 부지런해야 한다.

(10) 목표와 과제는 실현 가능한 것으로 정한다

스트레스, 초조함, 불안은 계획한 목표를 달성하지 못했을 때 나타나는 현상이다. 뜬구름 잡는 식의 목표와 과제는 오히려 자신감을 떨어뜨릴 수 있다. 자신이 처한 환경과 여건, 능력 등을 고려하여 실현 가능한 목표와 과제를 설정해야 한다.

(11) 텔레비전, 컴퓨터를 멀리 한다

텔레비전을 꼭 봐야 한다면 운동을 하면서 보는 것도 시간을 유용하게 보내는 방법이다. 인터넷을 하고 싶다면 직장, 버스, 지하철, 학교 등에서 자투리 시간을 활용하도록 한다.

(12) 나만의 학습 공간을 확보하자

아무리 좁은 공간이라도 자신만의 학습 공간은 자신의 안정된 정서를 위해 도움이 된다. 학습 공간에 창문이 있다면 창문을 등지고 앉아야 안정감이 크고 집중이 잘된다.

(13) 상황에 따른 학습 장소를 만든다

지하철이나 버스 안에서, 사람이나 주문한 음식을 기다리면서, 화장실 안에서 독서 등 지적인 활동을 계획하고 실천한다면 자기발전에 많은 도움이 될 것이다.

(14) 공부를 시작할 때는 나만의 의식을 갖자

어학공부, 학과공부, 독서 등을 하기 전에 집중하기 위해 자신만의 방법을 강구하는 것도 바람직하다. 예를 들어 책상 정리를 하거나 스트레칭을 하거나 명상 등을 하는 것이다.

(15) 가상의 적을 만든다

혼자서 성과를 기대하기가 힘들다면 같은 목표가 있는 동료, 친구와 가까이 하면서 그 친구를 목표 삼아 '당신에게 뒤지지 않을 거야.', '내가 더 잘할 수 있어.' 등을 마음속으로 생각하며 경쟁심을 갖는다.

(16) 여가활동의 날을 마련한다.

계획한 것을 의욕적으로 하더라도 여가가 없다면 오래 지속하기가 힘들어진다. 목표로 가는 길은 긴 여정을 가진 마라톤으로 생각해야 한다. 자기계발, 자기성공을 위한 학습은 도착점이 있을 것 같으면서도 없다. 평생작업으로 생각해야 한다.

(17) 가족과 친구의 이해와 협조를 구한다

자신의 계획을 실천하기 위해서는 가족, 친구, 동료 등 주위 사람의 협조가 필요하다. 예전과 달라진 생활에 대해 오해가 생기지 않도록 사전에 얘기해서 협조와 이해를 구해야 한다.

(18) 피로를 누적시키지 않는다

피곤이 쌓이면 몸의 저항력이 떨어져 몸이 아프고 의욕이 떨어진다. 신체의 리듬이 깨지지 않게 하기 위해서는 밤 11시부터 새벽 3시까지는 꼭 수면을 취해야 한다.

밤 11시에서 새벽 1시 사이에 우리 몸의 쓸개는 온몸에 담수, 즉 원동력을 제공한다. 오전 1시부터 3시까지 간은 맑은 혈액과 기운을 제공하고 해독도 한다. 이 시간대에 우리 몸의 성장 호르몬이 왕성하게 분비되고 피부에 영양이 공급되어 피부재생이 이루어진다. 또 이 시간대에 취하는 수면은 기억력을 좋게 하고 원기를 회복시킨다.

오전 8시부터 10시 사이는 무엇인가를 기억하기에 가장 좋은 시간대이다. 이 시간대에는 신경조직이 새로운 것을 거의 받아들이지 않기 때문이다. 저녁때가 되면 기억력은 6~10%가량 떨어진다. 또한 점심 식사 후에 15~20분 정도의 낮잠은 피로회복에 도움이 된다. 낮잠을 20분 이상 자면 오히려 컨디션이 나빠진다.

(19) 평일과 주말 시간도 계획한다

평일에 어학공부를 하는 상황이라면 토요일·일요일에도 어학공부를 단 30분이라도 하는 것이 좋다. 어학공부의 기억곡선이 더 길게 이어지기 때문에 주말에 공부가 완전히 단절되는 것보다 훨씬 더 좋은 결과를 가져온다.

(20) 80%의 실천이면 성공으로 여긴다

생활과정에서 예기치 않는 일들이 종종 생기기 때문에 계획한 것에 대한 100%의 실천은 매우 어렵다. 100% 목표 달성에 너무 집착하다 보면 스트레스를 받아 병이 생길 수도 있고 중도 포기의 유혹에 굴복하기도 쉽기 때문에 80% 정도의 결과에 만족해야 한다.

(21) 생활 패턴을 파악하자

자신이 생활 패턴에서 아침형과 저녁형 중 어느 쪽 체질인지 파악한 후 적합한 시간대에 계획된 학습을 하는 것이 효과적이다.

22) 내 인생의 경영자는 나 자신이다!

우리 주변에 시간 관리를 잘해 성공한 사람이 많다. 그 중 미국의 정치가이자 과학자인 벤자민 프랭클린은 자서전을 집필하여 우리에게 많은 감동을 주었다. 프랭클린은 초등학교 중퇴자로 필라델피아로 이주하여 양초공장에서 일하면서 시간 관리를 잘해 엄청난 독서량을 축적했고, 이를 도약의 발판으로 삼아 마침내는 아메리칸 드림을 실현시킴으로써 위대한 인물로 기억되고 있다.

시간 관리 능력 테스트

번호	항목	절대 아니다	반반 이다	항상 그렇다
1	나는 너무 급하거나 바빠서 밥을 먹을 시간이 없어 아침이나 점심을 거른다.			
2	나는 기한을 놓치거나, 내가 약속한 시간까지 맡은 일을 완수하지 못한다.			
3	여유 시간이 생기면 빈둥거리고 나서, 나중에 그 시간을 효율적으로 활용하지 못한 데 대해 자책한다.			
4	안경을 잃어버리거나 컴퓨터가 다운되면, 난 모든 일을 손에서 놓고 그 문제에 집중한다. 한 시간이나 두 시간이 걸려도 상관없다.			
5	어떤 일이 두려울 때는 계속해서 뒤로 미룬다.			
6	갑자기 급한 일이 생겨 신경을 써야 할 때는 긴장을 풀기 위해 비교적 경미한 다른 사안을 처리한 후에야 착수할 수가 있다.			
7	일하는 중에는 시간의 흐름을 잊는다.			
8	내 책상은 너무 어지러워서 뭐가 어디에 있는지 알 수가 없다.			
9	난 회의에 필요 이상의 시간을 쓴다.			
10	난 낮에 할 일을 너무 많이 계획해서 습관적으로 밤늦게까지 일하게 된다.			

〈자가 진단의 채점 및 해석〉

※ '절대 아니다'에는 1점, '반반이다'에는 5점, '항상 그렇다'에는 10점을 매겨라. 각 문항의 점수를 합산하여 40점 이하이면 관리능력이 괜찮은 편이며, 60점 이하이면 시간 관리 개념은 있지만 앞으로 개선이 필요한 여지가 있다. 또 60점 이상이면 시간 관리 능력이 결여된 상태이고, 80점 이상이면 시간 관리 능력이 매우 결여된 상태라고 볼 수 있다.

출처 : 엄진현(2006). 초보팀장이 알아야 할 모든 기술.

나의 지난 1주일 활동 내용을 적어보자.

시간	월	화	수	목	금	토	일
am 12~5							
5~7							
7~9							
9~12							
pm 12~1							
1~3							
3~6							
6~8							
8~10							
10~12							

3. 자기소개서 작성

1) 자기소개서 작성 시 유의 사항

자기소개서는 이력서와 함께 채용을 결정하는 데 있어 가장 기본적인 자료이다. 이력서를 개인에 대한 개괄적인 소개라고 한다면 자기소개서는 깊이 있게 자신을 소개한다고 볼 수 있다. 보통은 자기소개서를 통해 그 사람이 어떻게 성장했으며, 성격이 어떤지를 판단하여 적합 여부를 결정한다. 표현된 글을 통해서 그 사람의 논리성과 인품까지도 가늠하게 된다. 따라서 자기소개서는 이력서와 함께 자기의 얼굴이 되므로 사실에 근거하여 작성하되, 상대방으로 하여금 본인을 채용할 수 있도록 최대한 본인의 열정을 담아 소신 있게 작성하는 것이 좋다.

자기소개서 작성 시 유의점은 다음과 같다.

① 앞줄 10줄에 승부를 걸어라.
② 자신의 지원분야를 정확히 밝혀라.
③ 헤드라인 및 하이라이트를 활용하라.
④ 핵심은 정해 놓고 간결한 문장으로 표현하라.
⑤ 자신의 장점, 강점, 관심분야, 경력 개발 계획을 강조한다.
⑥ 자신을 과장되게 표현하지 말고 진솔하고 솔직하게 작성하라.
⑦ 이력서에 이미 기재된 사항은 기술할 필요가 없으며 문장의 반복 또는 같은 어휘의 중복 사용은 피해야 한다.
⑧ 각 단원별로 격언, 속담 등으로 특징적인 제목을 정하면 좋다.
⑨ 맞춤법과 띄어쓰기가 정확해야 하며, 통신 용어와 이모티콘의 사용은 삼가야 한다.

⑩ 자기소개서는 소개서 양식 용지의 80% 정도를 채운다. 글자 크기는 10~11포인트가 좋으며 글씨체는 신명조, 굴림체, 명조체가 무난하다.

⑪ 인사담당자는 자기소개서 작성자를 알고 있으므로 자기소개서에 '저는', '나는' 등의 단어는 지양해야 한다. 또 '귀사' 대신 지원하는 곳의 구체적인 회사명을 쓰는 것이 바람직하다.

2) 유형별 자기소개서 작성법

유형별 자기소개서 작성법을 살펴보면 다음과 같다(정명화 외, 2010)

(1) 스트레스형

책자나 사이트에서 소개해 놓은 자기소개서 사례를 이름만 바꾸어 그대로 옮겨 놓는 타입이다. 이런 유형의 자기소개서는 면접을 보기 전 서류전형에서 제외되는 경우가 많으며 채용담당자의 눈을 벗어나는 첫 번째 유형이다.

(2) 감정 오버형

진솔한 느낌이 들지 않고 강한 아부형 멘트만 있는 자기소개서를 작성하는 유형으로 생각 없는 감정형으로 보일 수도 있다. 일보다는 관계에 초점을 두는 성향이 많이 보이는 유형으로, 이런 타입의 단순 헌신형보다는 조직에서는 비판적 창조형이 더 선호될 수 있다는 점을 고려해야 한다.

(3) 경력 나열형

취업을 희망하는 회사에서 요구되지 않는 불필요한 경력 사항 및 취득 자격증에 대한 나열은 오히려 전문성이 없어 보이고 한 가지 일에 최선을 다 할 것 같은 느낌이 들지 않을 수도 있다. 경력과 자격증은 꼭 필요한 내용을 담아주고 불필요한 부분은 과감하게 삭제하는 것이 더 효과적이다.

(4) 사소한 실수형

자기소개서를 다운받아 사용하면서 내용을 꼼꼼히 읽어보지 않아 예시에 나와 있는 이름 그대로 출력하여 제출하는 경우가 있다. 이런 경우에는 그대로 탈락이라고 볼 수 있다. 또 자기소개서에서 자주 발견되는 오·탈자, 숫자, 첨부 서류의 누락, 마감 시간 등의 사소한 실수들 때문에 서류전형에서 아주 사소한 차이로 탈락할 수 있다.

(5) 역사교과서 부록형

자기소개서는 자기의 역사를 나열식으로 기록한 역사교과서 형식이 되어서는 안 된다. 자신의 경력을 요약한 그런 역사교과서형의 자기소개서가 아니라 왜 자기가 이 일을 해야 하는지 그리고 왜 이 회사에 입사해야 하는지에 대하여 설득하는 글이어야 한다.

3) 자기소개서의 구성

자기소개서는 일반적으로 성장 배경, 성격, 학창시절, 경력, 지원 동기 등을 중심으로 기술한다.

(1) 성장 배경

자신의 성장과정을 역사의 한 인물처럼 거창하고 길게 쓰는 사람들이 있는데 그것은 그만큼 할 얘기가 없다는 뜻으로 비칠 수 있으므로 지양해야 한다. 성장과정 중에서 특별히 남달랐던 부분에 대해서만 언급하는 것이 좋다. 자기소개서는 보통 A4 용지 1~2장 내로 기술하는 것이 일반적인데, 한정된 분량에서 개인의 능력, 지원 동기, 입사 후 포부에 대해서만 기술하더라도 1장은 쉽게 채워지므로 성장과정은 가급적 짧게 기술하는 것이 좋다(정명화 외, 2010).

좋지 않은 예시로는 '저는 공기 좋고 물 맑은 시골에서 엄하신 아버지와 자상하신 어머니 밑에서 부유하지는 않지만 큰 어려움이 없이 컸으며…', '저는 1남 2녀 중 둘째 딸로서 엄하지만 자상하신 아버지와 부드러우면서 현모양처이신 어머니와 함께 다복한 가정에서 자라…' 등의 천 편 일률적인 표현은 자제하는 것이 좋다.

(2) 성격의 장·단점

성격을 기술할 때는 자신의 장점을 1~2개 기술하고, 하나 정도의 단점을 기술하는 편이 좋다. 왜냐하면 단점을 기술하지 않는다면 자신의 단점을 깨닫지 못하는 인간으로 비칠 가능성이 크기 때문이다. 단, 단점을 기술할 때는 그 단점을 극복하기 위해 어떤 노력을 했는지, 어떤 노력을 하고 있는지를 기술하고, 이러한 단점이 업무적인 면에서는 오히려 장점이 될 수 있음을 강조한다.

예를 들면 성격이 급한 것이 단점이라면, 업무 처리는 빨라서 오히려 장점이 될 수도 있다. 해당 기업의 색깔과 비슷한 자신의 성격이 있다면 적극적으로 부각시키는 것도 중요하다(정명화 외, 2010). 또 좋지 않은 예시로는 '천재는 1%의 영감과 99%의 노력으로 이루어진다를 신념으로 삼아…' 등의 표현은 식상하고 고루한 느낌을 준다.

(3) 학창시절 및 경력 사항

학창시절의 동아리 활동이나 학생회 활동 등을 통해 자신이 어떤 조직에서도 적응을 잘하고 있었음을 간접적으로 보여주어야 한다. 예를 들면, '해외어학 연수 경험을 통해 나라와 습관이 다르고, 또 직접적인 언어소통이 되지 않아도 사람의 마음은 서로 통하게 되어 있다는 것을 알게 되었다. 또 서로 이해하고 자기 자신을 성장시키기 위해 노력하는 것이 커뮤니케이션에 있어 매우 중요하다는 것을 실감했다.' 등으로 기술할 수 있다.

경력 사항은 경력이 별로 없다고 모든 것을 빠짐없이 보여주려고 아르바이트, 과외활동 등을 무작위로 나열하는 경우가 많은데, 그것보다는 지원분야나 부서에 왜 적합한지를 일목요연하게 기록하는 것이 좋다. 대부분의 신입 사원들은 경력이 없기 때문에 수상 내역이나 아르바이트, 과외활동 등을 무작위로 나열하기 쉽다. 하지만 인사담당자는 그런 교과서적인 자기소개서보다는 이 사람이 학창시절을 통해 습득한 능력이나 창의력과 추진력을 보고 싶어한다(정명화 외, 2010).

아르바이트에 대한 부분을 기술하더라도 자신의 생각과 가치관을 연결하는 것이 좋다. 예를 들면, '어떻게 하면 손님의 관심을 끌 수 있고 판매로 연결할 수 있을까를 생각하면서 화장품 판매 아르바이트를 했다. 고객이 원하는 것을 빨리 파악하여 판매로 연결할 수 있는 능력을 기를 수 있었다.' 등으로 표현할 수 있다.

(4) 지원 동기 및 입사 후 포부

자기소개서에서 가장 중요한 항목이 바로 이 항목이다. 지원 동기는 자신의 적성과 비전이 지원 회사와 분야에 얼마나 적합한지를 제시하는 것이 좋다. 따라서 취업하고자 하는 기업의 업종, 경영이념, 회사문화, 성격 등을 미리 파악하여 그 기업의 특성에 맞게 지원 동기를 기술하면 된다. 지원하고자 하는 기업을 알게 된 동기나 에피소드를 같이 기술하면 좋은 느낌을 줄 수 있다.

입사 후 포부는 가능하면 추상적인 표현보다는 목표 성취나 자기계발을 위해 어떠한 계획을 가지고 있는지 구체적으로 언급하는 것이 좋다. 입사하게 되면 내가 잘할 수 있는 분야와 일이 무엇인지 그리고 회사에 어떠한 도움이 될 수 있는지 등에 대해 구체적으로 작성한다면 좋은 자기소개서가 될 수 있다. 예를 들면 '이 일이라면 그 사람에게 맡기면…' 하고 신뢰받을 정도로 저는 한 가지 일에 전문가로서 누구에게나 인정받는 사람이 되고 싶습니다는 표현은 좋은 이미지를 줄 수 있다.

좋지 않은 예시로는 "꼭 뽑아 주십시오. 뽑아만 주신다면 열심히 하겠습니다." 등의 표현보다는 왜 뽑아 주어야 하는지 뽑아 주었을 때 어떻게 할 수 있는지를 기술하는 것이 더 바람직하다.

자 기 소 개 서	
성장 배경	
성격의 장·단점	
학창시절 및 경력 사항	
지원 동기 및 입사 후 포부	

상기 내용은 사실과 틀림이 없습니다.

년 월 일

지원자 : ______________ (인)

4. 이력서 작성

이력서는 일반적으로 표준화된 양식에 따라 작성한다. 양식의 종류는 여러 가지가 있으므로 본인의 타입에 적합한 것으로 선택하여 명료하고 정확하게 작성하는 것이 매우 중요하다. 이력서에는 본인의 증명사진이 첨부되므로 가능하면 컬러로 출력하여 제출하면 서류 심사를 하는 인사담당자에게 좋은 인상을 줄 수 있다.

1) 이력서의 구성 요소

일반적으로 작성되는 이력서의 구성 요소를 살펴보면 다음과 같다.

(1) 성명 및 생년월일

성명은 한글과 한자를 모두 적으며 생년월일은 주민등록번호와 일치하도록 정확하게 적는다.

(2) 연락처

집과 핸드폰 번호, 이메일 주소를 적는다.

(3) 사진

최근 3개월 이내에 촬영한 것으로 단정하고 밝은 인상을 주는 사진을 붙인다. 스티커 사진, 스냅 사진 등을 잘라붙이는 것은 무성의하게 보일 수 있다.

(4) 현주소

본적을 적는 곳이 있으면 본적과 현주소를 같이 기재하여야 한다. 그러나 현주소만 기재할 경우 자신이 현재 거주하고 있는 주소를 쓴다. 다른 지방에 소재한 회사에 지원하는 경우 지역의 지원자를 선발하려는 경향이 있으므로 면접 시 예상답변을 준비한다.

(5) 학력 사항

고등학교부터 최종학력까지 입학과 졸업 연월일을 기재하며 졸업 예정인 경우 졸업 예정으로 따로 표기한다. 군경력은 학력 속에 포함시켜 연대순으로 기재한다.

(6) 자격 사항

지원하고자 하는 분야의 업무와 관련 있는 자격증을 우선으로 기재한다. 컴퓨터 관련 자격증, 어학 관련 자격증, 운전면허증 등의 기타 소지한 자격증을 기재한다. 자격증 순서는 국가자격증, 국가공인자격증, 민간자격증 순으로 기재하는 것이 좋다.

(7) 경력 사항

경력은 지원하고자 하는 분야의 업무와 관련 있는 내용 위주로 최근 것부터 기재한다. 근무 기간과 회사명도 정확히 기재하고, 아르바이트 등의 단기 직종에서 근무한 경우에도 지원한 분야와 관련이 있는 경우에는 기재한다.

(8) 특기 및 상벌 사항

자신이 가지고 있는 특기, 교내·외 및 대외 수상경력, 연수 등의 내용을 기재한다.

상기 내용을 모두 정확하게 기재한 후 "위 내용은 사실과 틀림없습니다."라고 되어 있는 하단에 작성 연월일, 본인 성명을 적고(성명은 적지 않고 출력 후 자필로 기재할 수도 있다) 출력 후 날인하여 마무리한다.

2) 이력서 작성요령

과거에는 이력서 작성 시 자필로 하였으나 최근에는 대부분 이력서를 컴퓨터로 작성한다. 그러나 본인 성명은 자필로 할 수도 있으나 필체에 자신이 없는 경우 컴퓨터로 작업하여 날인만 할 수도 있다. 신입사원의 경우 이력서 분량은 1~2매 사이가 적당하다. 이력서 작성 시 주의 사항은 다음과 같다.

(1) 구체적이면서 간단 명료하게 작성해야 한다

출신학교나 학과, 자격증뿐만 아니라 수상경력, 대내외적 활동 등 자신의 능력을 최대한 돋보이게 할 수 있는 내용들로 정리한다.

(2) 허위나 과장없이 솔직하게 기술한다

허위사실이나 과장된 내용 없이 솔직하게 기술해야 한다. 입사 후 허위사실이 드러날 경우에는 입사가 취소될 수 있다.

(3) 오타가 없도록 작성해야 한다

이력서는 자신의 얼굴이다. 따라서 오타 없이 작성될 수 있도록 해야 한다.

〈인서서식 제1호〉

<table>
<tr><td colspan="3" rowspan="3">사 진
(반명함판)</td><td colspan="4">이 력 서</td></tr>
<tr><td>성 명</td><td colspan="2">(인)</td><td>주민등록번호

</td></tr>
<tr><td>생년월일</td><td></td><td>집전화</td><td></td></tr>
<tr><td colspan="3" rowspan="2">주 소</td><td></td><td></td><td>핸드폰</td><td></td></tr>
<tr><td></td><td></td><td>E-mail</td><td></td></tr>
<tr><td colspan="3">호적관계</td><td>호주와의 관계</td><td></td><td>호주성명</td><td></td></tr>
<tr><td colspan="3">년 월 일</td><td colspan="2">〈학력 사항〉</td><td></td><td>발 행 처</td></tr>
<tr><td></td><td></td><td></td><td colspan="2"></td><td></td><td></td></tr>
<tr><td></td><td></td><td></td><td colspan="2"></td><td></td><td></td></tr>
<tr><td></td><td></td><td></td><td colspan="2"></td><td></td><td></td></tr>
<tr><td></td><td></td><td></td><td colspan="2"></td><td></td><td></td></tr>
<tr><td></td><td></td><td></td><td colspan="2"></td><td></td><td></td></tr>
<tr><td></td><td></td><td></td><td colspan="2">〈자격 및 경력 사항〉</td><td></td><td></td></tr>
<tr><td></td><td></td><td></td><td colspan="2"></td><td></td><td></td></tr>
<tr><td></td><td></td><td></td><td colspan="2"></td><td></td><td></td></tr>
<tr><td></td><td></td><td></td><td colspan="2"></td><td></td><td></td></tr>
<tr><td></td><td></td><td></td><td colspan="2">〈특기 및 상벌 사항〉</td><td></td><td></td></tr>
<tr><td></td><td></td><td></td><td colspan="2"></td><td></td><td></td></tr>
<tr><td></td><td></td><td></td><td colspan="2"></td><td></td><td></td></tr>
<tr><td></td><td></td><td></td><td colspan="2"></td><td></td><td></td></tr>
</table>

Chapter 6

대인 관계

1. 대인관계의 의미

대인관계란 사람을 대하고 사귀는 일로서 집단생활 속의 구성원 상호 간의 심리적 관계를 의미한다. 원만한 대인관계를 위해서는 자신의 인생태도에 대해 파악하고, 그 인생태도가 대인관계에 어떻게 영향을 미치는지 확인함으로써 더 나은 대인관계를 맺을 수 있다. 대인관계에서 가장 중요한 것이 무엇인지? 자기 자신에 대해 긍정적인 시각을 가지는 부분은 무엇인지? 타인에 대해 긍정적인 시각을 가지는 부분은 무엇인지에 대하여 구체적으로 생각해 보고 자신을 파악하는 것이 중요하다.

사람 사이에서 생기는 피로감을 회복시켜 주는 것도 사람이고, 우리에게 더 큰 성공을 꿈꾸게 하는 것 역시 사람밖에 없다. 따라서 나와 관계되는 사람, 즉 인맥의 구성에 대하여 생각해 보고 그 사람들이 나에게 미치는 영향과 그 사람들에게 내가 미치는 영향에 대해 생각해 볼 필요가 있다. 인간은 누구나 행복한 삶을 원한다. 행복한 삶을 위해서는 여러 가지 조건이 필요하지만, 대부분의 연구자들은 긍정적이고 깊이 있는 인간관계를 맺는 것이 행복한 삶에 필수조건이라는 점에 동의한다. 우리는 다양한 사람들과 의미 있는 관계를 맺고 살아간다. 그리고 그러한 의미 있는 타인들과 맺는 관계의 특성에 따라 우리의 삶도 영향을 받게 된다.

톨스토이가 던진 세 가지 질문이 있다. 첫 번째는 세상에서 가장 소중한 시간은 언제인가? 두 번째는 세상에서 가장 소중한 사람은 누구인가? 세 번째는 세상에서 가장 소중한 일은 무엇인가? 이다. 첫 번째 질문에 대한 대답은 바로 '지금'이다. 매 순간 최선을 다하는 것이 중요하기 때문이다. 두 번째 질문의 답은 '지금 만나고 있는 사람'이다. 세 번째 질문의 답은 '지금 하고 있는 일'이다. 즉, 지금 이 시간 여러분이 만나고 있는 사람들을 진정으로 사랑하고 그들과 함께 하는 일이 세상에서 가장 중요한 일이라는 것이다. 인생학교에서 배워야 하는 것들 중에 빼놓을 수 없는 것이 사람과 사람 사이의 관계를 어떻게 맺을 것인가라는 점이다. 왜냐하면 회사에서 이뤄지는 일들 중 상당 부분은 협동에서 나오기 때문이다(정명화 외, 2010).

올해 나와 가장 가까이 지낸 사람 10명을 꼽아보자. 그중에서 가장 자주 연락한 사람은 누구였나요?

2. 대인관계의 유형

Kiesler는 대인관계 유형을 지배와 복종 차원, 친애와 냉담 차원으로 구분하여 양축의 교차점을 중심으로 원을 그려서 여덟 가지 인간관계 유형을 제시하였다(조경덕·장성화, 2012).

1) 지배형(domineering)

지배적 특성이 강한 사람은 타인에 대하여 주도권을 행사하며 강압적이고 타인에게 정보를 주거나 지시하는 것을 좋아한다. 또한 자기의 성취를 자랑하기를 좋아하고 다른 사람의 도움이 필요해도 요청하는 일이 거의 없으며 거만하고 자신만만해 하는 것이 특징이다.

2) 보복 변명형(vindictive)

다른 사람의 의도가 악의적이지 않은지에 대해 늘 경계하고 불공평한 대우에 민감하다. 또 자신의 이익을 최우선으로 생각하며 이기기 위하여 애쓰고 타인에게 탓을 돌리고 비난하는 경향이 높은 것이 특징이다.

3) 냉정형(cold)

다른 사람의 흠을 잘 잡으며 타인의 사과와 변명을 잘 받아들이지 않는다. 냉정하여 다른 사람의 감정에 무관심할 뿐 아니라 다른 사람에게 상처를 쉽게 주며 반박을 잘하는 성향의 특징이다.

4) 사회 회피형(socially avoidance)

다른 사람과 잘 어울리지 않으며 혼자 하는 일을 선호하고 우유부단하며 감정을 억제하려는 성향을 가진 것이 특징이다.

5) 비주장형(nonassertive)

자신감이 없으며 남에게 주목받는 것을 피하고 다른 사람에게 잘 의지한다. 상급자로서의 역할을 잘하지 못하며 다른 사람의 의견에 잘 따르고 양보를 잘하는 성향이 있다.

6) 이용당하는 형(exploitable)

다른 사람을 잘 믿고 나에게 무례하게 행동하는 것에 대하여 너그러우며 현재 자기 자신에게 만족하지만 남에게 잘 설득 당하는 성향이 특징이다.

7) 과잉 친절형(overly nurser)

다른 사람에게 요구하거나 비난을 잘하지 못하고 지나치게 관대하며 다른 사람을 배려하는 마음이 많아 잘 도와준다. 다른 사람이 못마땅한 일을 해도 항의하지 못하며 자기 희생적인 태도를 보이는 성향이 특징이다.

8) 참견형(intrusive)

사람들과 함께하기를 좋아하고 다른 사람에게 관심이 많으며 수다 떨기를 좋아하고 참견하지 않고는 못 배기는 형이다. 흥분을 잘하고 충동적인 성향이 강한 것이 특징이다.

3. 대인관계의 범위

자신이 맺고 있는 인간관계를 이해하는 좋은 방법은 현재 나와 인간관계를 맺고 있는 범위를 점검해 보는 것이다. '나'를 중심으로 제일 가까이 있는 범위 A에 속한 사람부터 범위 B, 범위 C, 범위 D, 범위 E로 갈수록 친밀감의 정도가 떨어지는 것이다. 즉, 나를 중심으로 가까운 곳에 있는 범위에 해당하는 사람의 숫자는 적지만 친밀감의 정도가 높다. 그러나 멀어질수록 사람의 숫자는 많지만 친밀감의 정도가 낮아지는 경우가 많다.

친밀한 관계의 속성에 대해 우리가 알아두어야 할 것은 관계가 가까워질수록 신뢰감이나 관심, 정서적 유대의 정도가 높아져 심리적 만족감에 기여하는 정도가 커지지만, 그 관계가 악화될 경우 개인이 느끼는 상처와 실망의 정도 또한 커진다는 점이다. 각 범위에 대한 특성을 이주희와 그의 동료들(2012)의 내용을 바탕으로 재구성하면 다음과 같다.

1) 범위 A

'매우 가깝고 친밀한 사이, 즉 가족관계'에 해당되며 혈연관계와 가족애를 바탕으로 하는 관계를 말한다. 자유롭게 자신의 속마음을 털어놓을 수 있고 자신의 강점뿐 아니라 약점, 느낌 등을 거리낌 없이 드러낼 수 있다. 가족관계이기 때문에 서로 이해하고 경제적, 심리적으로 지원해 주는 관계이다. 특히 부모 자녀의 관계에서는 성장기 성격 형성에 결정적인 역할을 한다.

2) 범위 B

'특히 가까운 사이'에 해당되며, 동반자 관계이기도 하다. 단짝친구와 같이 서로에 대해 아주 잘 알고 있으며 긍정적이건 부정적이건 사적인 감정을 거리낌 없이 드러낼 수 있다. 이런 관계는 거주지나 직장과 같은 물리적 환경이 바뀌더라도 지속된다. 때로는 동고동락하는 가운데 서로 보살피며 동반자 관계로 평생지기가 될 수도 있다.

3) 범위 C

'사교적 동반자'에 해당되며 '친구'라고 생각하는 어느 정도 친밀한 사이이다. 사교적 동반자 관계로 정서적인 교감이 이루어지고 자주 만나고 서로 관심을 갖는 관계이다. 가끔 이런 친구관계로 어려움을 겪거나 스트레스를 받아 힘들어하기도 한다.

4) 범위 D

'작업을 위한 동반자'에 해당되며, 서로 이름도 알고 상대방에 대한 약간의 정보도 갖고 있다. 일상적인 이야기를 나누는 정도의 '아는 사이'지만 개인적이거나 정서적인 접촉이 많지는 않다. 거주지나 직장 혹은 학교를 옮긴다든지 하는 중요한 결정을 내릴 때 고려의 대상이 되지 못하며, 이들과의 관계가 소원해진다든지 나빠져도 정서적인 상실감은 별로 느끼지 못한다.

5) 범위 E

서로 마주치면 인사를 나누는 정도로 개인적인 접촉이 전혀 없는 '주변적인 관

대인관계 범위

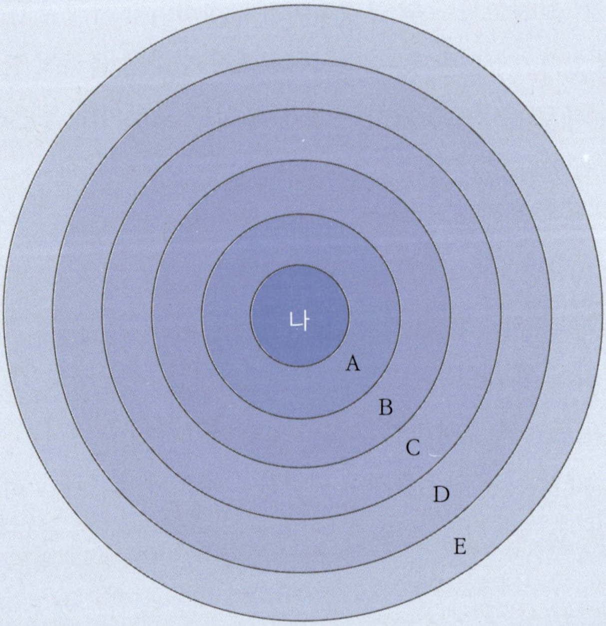

♣ A, B, C, D, E 범위에 포함되는 사람은 누구인가요?

• A :

• B :

• C :

• D :

• E :

계'에 해당한다. 서로 이름도 모른다. 이 범위에 속하는 사람으로는 엘리베이터에서 만나는 사람, 같은 통학버스를 타고 다니는 사람, 자주 가는 상점의 점원, 길에서 자주 만나는 사람 등이다. 따라서 그 숫자는 셀 수 없는 경우가 많다.

4. 성공적인 인간관계를 위한 방안

성공적인 인간관계를 한다는 것은 쉽지 않다. 사회적 관계에서 발생할 수 있는 다양한 상황에 대한 심리적 대처방안을 보면 다음과 같다(정명화 외, 2010).

첫째, 사람들은 대부분 자신의 이익에 따라 행동한다.

회사에서 '왜 저 사람은 자기 이 일을 위해서 행동할까?'라는 생각이 들 때면, 사람의 본능이 본래 그렇다고 이해하면 된다. 이를 두고 기분 나빠하거나 비난하는 것은 도움이 되지 않는다. '누구든 자신의 이익에 충실하다'는 가정을 받아들이고서 서로의 이익에 도움이 될 수 있는 방법을 찾도록 노력하면 된다.

둘째, 뛰어난 사람에 대한 질투와 시기심은 불가피하다.

사람은 항상 비교하는 본능을 갖고 있다. 동료는 물론이고 한참 나이가 위인 상사 역시도 질투와 시기심으로부터 자유로울 수 없다. 특히 여러분이 유능한 부하라면 상사는 두 가지 감정이 묘하게 교차하는 경험을 할 것이다. '정말 저 친구는 대단하다.'는 찬사와 '나는 저 나이 때 무엇을 했지?'라는 안타까움과 후회다. 행여나 상사가 별것 아닌 것을 갖고 트집을 잡거나 까탈을 부리더라도 '누구나 시기심과 질투가 있다.'고 이해하고 넘어가면 된다. '어떻게 한참 아랫사람에게 저렇게 할 수 있지?'라고 분노하지 마라. 여러분이 잘나가는 데 대한 '비용'이라고 생각하기 바란다.

셋째, 가능한 상대방의 좋은 면을 봐야 한다.

똑똑한 젊은이일수록 인간에 대한 기대수준이 높다. 그래서 자신보다 못한 사람들을 보면 항상 단점이 먼저 눈에 들어오게 된다. 'A는 이런 점이 부족하고 B는 저런 점이 부족해.'라고 지적할 수 있다. 물론 마음속으로 단점을 보더라도 자신의 기대수준이 지나치게 높을 수 있다는 가능성을 늘 염두에 두어야 한다. 그리고 누구나 단점이 있다는 점을 인정해야 한다. 되도록이면 단점보다는 장점을 보고 배울 수 있어야 한다. 그렇지 않으면 원만한 관계를 맺기 힘들다. 상대방에 대한 불편한 기분은 전달되기 쉽다는 점을 알아야 한다.

넷째, 지나친 흑백론은 도움이 되지 않는다.

회사에서 일할 때는 자신의 기준으로 모든 것을 바라보기보다는 가능한 전반적인 분위기에 자신을 맞추도록 노력해야 한다. 한마디로 사람을 대할 때도 융통성 있게 행동하라는 뜻이다. 지나치게 좋고 나쁨이란 감정에 휘둘려서는 곤란하다. 사람을 중심으로 보지 말고 일을 중심으로 보면 된다.

다섯째, 선의와 호의로 대하라.

상대방이 여러분에게 어떤 감정을 갖고 있든지 간에 최대한의 선의와 호의를 갖고 대해야 한다. 특히 그다지 탐탁지 않게 생각하는 사람이라면 더욱 속내를 숨기고 친절하게 대해야 한다. 인간은 계속해서 주는 사람에게 마음의 문을 열게 되어 있다.

여섯째, 대립은 자연스럽게 받아들인다.

사회적인 삶에는 대립과 갈등이 원래부터 존재한다. 대립과 갈등을 이겨내는 방법은 복잡하지 않다. 의견 대립을 사람 간의 대립과 구분해서 보면 된다. 얼마든지 의견이 다를 수 있지만, 그것이 사람 간의 대립으로 이어지지 않도록 주의해야 한다(공병호, 2009).

대인관계 자가진단 체크리스트

※ 다음은 현재 자신의 대인관계에 대해서 어떻게 느끼고 있는지 알아보기 위한 질문이다.

번호	항목	거의 그렇지 않다	가끔 그렇다	종종 그렇다	자주 그렇다
1	나는 친한 친구가 없다고 느껴진다.	0	1	2	3
2	다른 사람을 믿는 것이 두렵다.	0	1	2	3
3	나는 이성친구가 없다고 느껴진다.	0	1	2	3
4	내 고민을 이야기하면 가까운 사람들이 부담스럽게 느껴진다.	0	1	2	3
5	나는 다른 사람에게 필요하지도 중요하지도 않은 사람이라고 느껴진다.	0	1	2	3
6	나는 누구와도 개인적인 생각을 나누기 어렵다고 느껴진다.	0	1	2	3
7	나는 다른 사람들로부터 이해받지 못하고 있다고 느껴진다.	0	1	2	3
8	나는 다른 사람에게 다가가는 것이 편안하지 않다.	0	1	2	3
9	나는 외로움이 느껴진다.	0	1	2	3
10	나는 어떤 친목집단이나 조직에도 소속감을 느낄 수 없다.	0	1	2	3
11	나는 오늘 다른 사람과 교류를 가졌다는 느낌이 들지 않는다.	0	1	2	3
12	나는 다른 사람에게 할 말이 별로 없다고 느껴진다.	0	1	2	3
13	나는 다른 사람과 함께 있으면 평소의 내 모습과 달라지는 것 같다.	0	1	2	3
14	나는 다른 사람 앞에서 당황할까 봐 두려워한다.	0	1	2	3
15	나는 재미있는 사람이 아니라고 생각한다.	0	1	2	3

〈자가진단의 채점 및 해석〉

※ 1번부터 15번까지 점수를 모두 합하여 총점을 구한다. 총점의 점수에 따라서 다음과 같이 해석할 수 있다.

1) 0~10점인 경우는 고독감을 거의 느끼지 않는 수준
2) 11~20점인 경우는 보통 사람들이 느끼는 평균적인 정도의 고독감을 느끼는 수준
3) 21~28점인 경우는 보통 사람들보다 높은 정도의 고독감을 느끼는 수준
4) 29점 이상인 경우는 상당히 심한 고독감을 느끼는 수준

출처 : 조경덕 외(2012). 대인관계와 커뮤니케이션.

Chapter 7

리더십

1. 리더십(leadership)의 이해

현대사회의 조직은 과거의 거대하고 경직된 체계로는 변화에 적응할 수도 없으며 발전의 가속화에 살아남는 것도 쉽지 않을 정도로 조직의 기능과 역할이 빠르게 변화하고 있다. 그에 따라 각 조직과 개인은 서로 유기적인 관계를 맺으면서 '지식 경제 시대'로 발전하고 있다. 소수의 거대 조직과 그 조직에 속한 구성원들로 이루어진 과거 산업사회와는 달리, 현대사회는 각각의 고유한 역할을 하는 다수의 소규모 조직들로 구성되어 개인의 아이디어가 중요한 역할을 하는 사회가 되었다.

리더십은 모든 상황에서 조직을 운영하는 데 작용하는 중요한 변수이다. 조직은 그 목표 달성을 위하여 조직구성원의 협조와 자발적인 노력이 필요하다. 이러한 협조와 노력을 이끌어내기 위해서는 리더십이 필요하게 된다(조성일·최혜영, 2005). 이러한 조직의 특정 목적 및 개인의 욕구 충족을 위해 리더십의 문제가 더욱 중요시되어 가고 있다. 인간은 조직을 떠나서는 그 존재 이유를 찾을 수 없다. 개인과 가족, 가족과 사회 등으로 연결된 조직과 형성되어 있으므로 오늘날 리더십은 대학생부터 혹은 그 이전의 교육에서부터 리더십 교육이 필요하게 되었다.

대학생의 리더십 교육은 첫째, 사회의 패러다임 변화에 따른 교육 패러다임의 변화를 반영하여야 한다. 둘째, 대학생의 발달과업에 따른 평생교육의 관점에서 고려되어야 한다. 셋째, 대학생을 위한 진로교육으로서의 리더십 교육이 고려되어야 한다. 넷째, 글로벌 사회에 대응하는 대학교육의 실천 프로그램으로 고려되어야 한다. 다섯째, 현대사회를 이끌어가는 시민교육의 일환으로 제공되어야 한다(조진만, 2005).

리더십은 일정한 조직이나 집단의 공동 목표를 가장 효과적으로 달성하기 위하여 조직구성원 개개인이 자발적이고 헌신적으로 집단 목표 달성에 공헌할 수 있도록 이끌어가는 행위라고 할 수 있다(권혁천, 2008). 리더십은 어떤 매개체,

일, 이슈, 관심 사항을 통하여 사람들 간에 서로 영향력을 주고받으면서 결과를 산출해 가는 과정이다(백기복, 2008). 이처럼 리더십은 지도력이나 통솔력의 의미로 사용되기도 한다. 따라서 리더십은 구성원들에게 문제해결 방법을 제시하여 새로운 방향으로 도전할 수 있도록 의욕과 성취감을 불러일으키며 구성원들이 자발적으로 참여하여 조직과 집단의 업무 성과를 달성하도록 하는 것이다.

이상에서 리더십의 정의에 대해 알아보았다. 이러한 리더십을 어떻게 생각하고 있는지 각자의 생각을 정리해보고, 그렇게 생각하는 이유를 발표해보자.

★ 리더십이 갖는 의미를 한 문장으로 표현해보자.

1. 리더십은 ( )이다.
2. 리더십은 ( )( )이다.
3. 리더십은 ( )( )( )이다.

★ 리더십을 발휘하여 성공했던 경험을 300자 이내로 적어보자.

____

____

____

____

____

____

____

____

____

____

____

2. 리더십의 구성 요소

누구나 리더가 될 수 있지만 아무나 리더가 되는 것은 아니다. 리더가 되기 위해서는 많은 노력이 필요하고 자기관리를 해야 한다. 조직구성원들을 위하여 희생, 봉사하기도 하고, 어떤 일에 있어서 영향력을 발휘할 수도 있어야 한다. 무한경쟁 시대에서 우리가 성공적인 삶을 누리기 위해서는 스스로의 단점을 보완하고 장점은 개선해 나가야 가능하다.

리더십의 구성 요소는 타인에 대한 배려심, 자기관리, 대인관계, 인격, 자기계발 등의 내용으로 살펴볼 수 있다(이영희 외, 2010).

1) 타인에 대한 배려심

리더는 독불장군이 되어서는 안 된다. 홀로 일을 성취하는 사람을 리더라고 말하지 않는다. 팀을 이끄는 사람이어야 한다. 어떤 방식으로 팀을 이끌 수 있을까? 권위를 가지고 명령할 수도 있고 돈으로 보상하여 따르게 할 수도 있다. 그러나 진정으로 사람들의 마음을 얻기 위해서는 이런 '당근과 채찍'만으로는 안 된다. 사람들에게서 진정한 존경심을 이끌어 내는 방법, 이것이야말로 리더십의 핵심이다. 한마디로 말하여 '섬김의 리더'(Servant Leader)가 되어야 한다. 이 말은 모순처럼 들리는 말이지만 진리다. 다른 사람을 배려하고 섬김으로써 사람의 마음을 얻을 수 있기 때문에 그리고 다른 사람의 짐을 대신 짊어짐으로써 그들에게 힘과 용기를 줄 수 있기 때문이다.

2) 자기관리

현대의 리더십은 셀프 리더십(self leadership)을 기초로 하고 있다. 이는 훌륭한 리더가 되기 위해서는 먼저 자신을 이해하고 보살피고 다스림으로써 스스로 신뢰성을 가질 수 있어야 한다는 것을 의미한다. 우리는 누구나 신체를 가지고 있고 하루 24시간을 가지고 있다. 또한 감정과 생각, 행동으로 구성되는 정신세계를 가지고 있다. 누구에게나 평등하게 주어져 있는 기본적인 여건들을 철저하게 관리함으로써 신뢰성을 갖춘 리더로 성장할 수 있다. 이들 각자에 대한 바람직한 관리방법들을 점검하면서 리더로서의 자기관리에 대하여 구체적으로 배우고, 각자에게 알맞게 조정하여 실천함으로써 현대사회를 더욱 건강하고 풍성하게 이끌어 가는 리더가 될 수 있다.

3) 대인관계

원만한 대인관계는 성공적인 리더십을 위한 필수요건이다. 구성원들이 서로를 믿고 격려해야 심리적인 안정감을 얻을 수 있으며 친밀하고 성숙한 관계로 발전시킬 수 있다. 리더의 역할을 감당하려면 구성원들의 신뢰와 존경을 받을 수 있어야 하고, 다른 구성원들이 능력을 충분히 발휘할 수 있도록 적극적으로 밀어주고 도와주어야 한다.

조직을 융합시키기 위해 리더가 노력해야 하는 가장 핵심적인 부분은 바로 조직 내의 사람과 효과적으로 의사소통하는 능력이다. 어떠한 조직이나 목적을 달성하기 위해서는 구성원들의 자발적인 참여와 헌신을 이끌어 내야 하고, 자발적인 참여와 헌신은 리더와 구성원, 구성원과 구성원의 관계가 원만할 때 가능해진다.

4) 인격

리더가 된다는 것은 조직이나 부서에서 최정상에 서 있는 것이라고 생각하는 사람도 있다. 그러나 조직에서 최정상에 선 사람 모두를 리더라고 부르지는 않는다. 이들은 단순히 성공한 사람일 뿐이다. 정상에 선 많은 사람들은 리더로서 다른 사람에게 영향력을 미치지 못하고, 오히려 다른 사람을 불행하게 만들기도 한다.

리더는 리더로서의 자질과 인격을 갖춘 사람을 부르는 말이다. 자기가 하는 일에 확신을 가지고 창의성 있게 일을 생각하고 추진해 나가며, 타인의 능력과 상황을 이해하고 다른 사람을 설득할 수 있는 능력으로 자기가 속한 집단을 인도하여 모두가 만족할 만한 결과를 얻어내는 사람을 가리킨다. 모든 사람이 리더가 될 수는 없지만, 인격을 갖춘 사람이라면 이미 리더로서의 자격을 갖추고 있다고 볼 수 있다.

5) 자기계발

리더는 태어날 때부터 정해지는가? 아니면 훈련에 의하여 만들어지는가? 물론 한 국가의 지도자나 대기업의 리더가 되는 것은 아무나 되는 것은 아니다. 타고난 재능과 가정교육, 자기계발 등이 어우러져야 한다. 그러면 자기계발을 위해서 어떤 훈련과 어떤 교육을 받아야 하는가? 자발적으로 공부하고 독서하고 창조적으로 생각하는 것이다. 리더십은 그 사람의 인격이요 성품이며 만들어지는 것이기 때문에 오랜 시간이 걸린다. 학문이나 기술의 습득보다 리더십을 배양하는 데는 더 오랜 기간의 훈련과 노력을 필요로 한다.

3. 성공적인 리더가 되기 위한 10계명

리더십 자체는 크게 보면 결국 사람과 사람 사이의 관계 문제이다. 인간관계에서 신뢰가 중요하듯이 리더십에서도 신뢰의 형성이 가장 중요하다. 신뢰를 얻기 위해서는 상대방을 자신의 이익에 사용하지 않겠다는 진실한 마음가짐이 선행되어야 한다. 또한 스스로 일관성 있게 원칙을 지키고 성실하게 상대방과의 약속을 지키는 모습을 보여주어야 한다. 따라서 개인의 희생이 따르더라도 조직 전체를 위하는 마음가짐과 원칙, 일관성, 신뢰는 리더로서 갖추어야 하는 필수 불가결한 요소라고 할 수 있다(안철수, 2004).

성공적인 리더가 되기 위해서는 자신이 먼저 자기관리를 하고 타인에게 신뢰받는 사람이 되어야 한다. 성공적인 리더가 되기 위한 10계명은 다음과 같다(정명화 외, 2010).

1) 먼저 인간이 되라

좋은 인맥을 만들려고 하기 전에 먼저 자신의 인간성부터 살펴야 한다. 이해타산에 젖지 않았는지, 계산적인 만남에 물들지 않았는지 살펴보고 고쳐야 한다. 좋은 사람을 만나고 싶으면 나 자신부터 상대방에게 좋은 사람이 되어야 한다.

2) 적을 만들지 마라

친구는 성공을 가져오지만 적은 위기를 가져오고 성공을 무너뜨린다. 조직이 무너지는 것은 3%의 반대자 때문이며, 10명의 친구가 한 명의 적을 당하지 못한다. 이유없이 남을 비난하지 말고 항상 긍정적이고 수용적인 태도로 상대방을 대하여 적이 생기지 않도록 해야 한다.

3) 스승부터 찾아라

인맥에는 지도자, 협력자, 추종자가 있으며 가장 먼저 필요한 인맥은 지도자, 즉 스승이다. 훌륭한 스승을 만나는 것은 인생에 있어 50% 이상을 성공한 것이나 다름없다. 자신이 배우고 받아들일 준비가 되어 있어야 스승도 만날 수 있다.

4) 만나는 사람을 생명의 은인처럼 여겨라

만나는 사람마다 생명의 은인처럼 대하고 항상 감사하며 어떻게 보답할 것인지를 고민하라. 상대방으로 인하여 운명이 바뀌었고, 또 앞으로도 바뀔 것이라 생각하고 그 사람을 대하면 언젠가는 그런 순간이 올 것이다.

5) 첫사랑보다 강렬한 인상을 남겨라

첫 만남에서는 상대방에게 첫사랑보다 강렬한 이미지를 남겨야 한다. 길거리에서 발길에 차인 돌처럼 잊혀지는 존재가 아니라 애써 얻은 보석처럼 가슴에 남을 수 있는 사람이어야 한다.

6) 헤어질 때 다시 만나고 싶은 사람이 되어라

함께 있으면 즐거운 사람이고, 함께 있으면 유익한 사람이라는 것이 느껴지도록 해야 한다. 또 상대방이 헤어지면 다시 만나고 싶어하는 사람이 되어야 한다.

7) 하루에 3번 참고, 3번 웃고, 3번 칭찬하라

"참는 자에게 복이 온다."는 속담처럼 참아서 나쁠 것은 없다. 미소는 가장 아름다운 이미지 메이킹이다. 많이 웃고 가까이 있는 사람을 칭찬하라.

8) 내 일처럼 기뻐하고, 내 일처럼 슬퍼하라

길흉사가 생기면 진심으로 상대방과 함께 기뻐하고 함께 슬퍼하라. 공감이야말로 상대방에게 따뜻함과 친근감을 느끼게 해주어 더욱 신뢰 있는 관계가 되도록 해준다.

9) Give & Give & Forget 하라

먼저 주고, 조건 없이 주고, 더 많이 주고 그리고 모두 잊어야 한다. Give & Take 하려고 하지 마라. 받을 것을 생각하고 주면 주지 않는 것보다 못하기 때문이다. 그리고 그 마음이 상대방에게 전달되기 때문이다.

10) 한 번 인맥은 영원한 인맥으로 만나라

한 번 인맥으로 만났으면 영원한 인맥이 되어야 한다. 잘 살고 좋은 위치에 있다고 가까이하고, 못 살고 어렵다고 멀리 하지 마라.

4. 리더의 철학

리더는 용모·체력·목소리·표정 등의 신체적 특성, 활력, 끈기, 품성, 적극성 등의 행동적 특성, 안정감, 대인 친화력, 책임감 등의 성격적 특성을 고루 갖추어야 한다. 이는 모두 선천적인 측면이다. 태어날 때부터 가지고 태어나는 것이라고 포기하지 말고 노력으로 바꾸려고 하는 마음과 태도가 필요하다.

리더는 부하의 능력에 편성하여 리더십을 발휘하려 해서는 안 된다. 리더 자신이 리더로서 그려야 할 기본 지도 철학을 만들고 실천할 수 있어야 한다. 리더의 아홉 가지 철학은 다음과 같다(홍성민, 2004).

① 리더 혼자서 모든 일을 다 할 수는 없다. 부하에게 일을 맡기는 기준을 만들고, 일에 대한 동기를 유발시켜야 한다.
② 항상 지도능력에 대한 변화를 시도해야 한다. 세상의 변화와 흐름은 파악해야 하지만 기본적으로 사람을 키우는 데에는 일관된 불변의 철학이 반드시 필요하다.
③ 명확하게 지시하고 명령해야 한다. 부하의 안색을 살피며 리더십을 발휘하는 데 망설이거나 꺼려서는 안 된다.
④ 예절과 도덕의 원리원칙을 행동으로 실천하면서 부하도 할 수 있도록 지도해야 한다.
⑤ 부하의 업무를 어떻게 평가하는지 솔직히 표현한다. 부하 앞에서 공표하는 것은 부하가 일에 대한 의욕을 갖게 하는 데 필요하다.
⑥ 리더는 뜨거운 마음과 반드시 이루어내겠다는 집념, 끊임없는 자기훈련에 의해 갖춰진다. 또 엄격함과 자상함을 갖춘 리더십을 가져야 한다. 또 밝은 성격과 솔선수범하는 모습을 부하들에게 보일 수 있어야 한다.
⑦ 사람을 지도하는 것은 결국 자신의 자세를 명확히 확립하는 것이다. 항상 자신에게 엄격할 것을 모토로 행동해야 한다.
⑧ 부하를 성장시키고, 회사를 발전시키기 위해서는 '더 잘하라.'고 요구하는 엄격함과 애정이 필요하다.
⑨ '오늘 실패하면 내일은 없다!'라는 비장함을 가지고 지금 이 순간에 전력을 다해야 한다.

리더십 체크리스트

※ 현재 자신의 리더십에 대해서 어떻게 생각하고 있는지 알아보기 위한 질문이다.

번호	항목	전혀 그렇지 않다	그렇지 않은 편이다	그런 편이다	매우 그렇다
1	나는 사람들에게 감사한다.	1	2	3	4
2	나는 사람들이 문제 상황에 맞서도록 한다.	1	2	3	4
3	나는 교정을 거닐며 학우들과 대화 시간을 가진다.	1	2	3	4
4	나는 사람들을 격려한다.	1	2	3	4
5	나는 사람들의 말을 귀담아듣는다.	1	2	3	4
6	나는 학우들이 목표 달성을 위해 단합하도록 이야기한다.	1	2	3	4
7	나는 사람들을 존중한다.	1	2	3	4
8	나는 학우들의 자기계발을 적극적으로 돕는다.	1	2	3	4
9	나는 믿을 만한 사람에게는 적극적인 신뢰 의사를 표현한다.	1	2	3	4
10	나는 사람들과의 관계에서 인내와 자제력을 발휘한다.	1	2	3	4
11	나는 학우들이 기꺼이 따르려는 리더이다.	1	2	3	4
12	나는 과제 공유에 필요한 지식(기술)을 보유하고 있다.	1	2	3	4
13	나는 학우들의 당면 요구를 충족시킨다.	1	2	3	4
14	나는 실수를 용서하고 적대감을 갖지 않는다.	1	2	3	4
15	나는 누구나 신뢰할 수 있는 리더이다.	1	2	3	4
16	나는 소모적인 일에 가담하지 않는다.	1	2	3	4
17	나는 사람들을 공개적으로 비난하거나 처벌하지 않는다.	1	2	3	4
18	나는 긍정적인 태도를 가지고 있다.	1	2	3	4
19	나는 다른 파트에서 내린 의사결정의 결과에도 민감한 편이다.	1	2	3	4
20	나는 공평하고 일관성 있는 리더이며 모범을 통해 리드한다.	1	2	3	4

〈자가진단의 채점 및 해석〉

※ 리더십 체크리스트의 점수를 합산하여 평균을 내어 본인의 리더십 수준을 파악할 수 있다.

※ 리더십 평가 점수 : 리더십 수준

0.0~2.3 : 미흡한 수준

2.4~2.7 : 보통 수준

2.8~3.1 : 원만한 수준

3.2~4.0 : 우수한 수준

출처 : 이영희 외(2010). 자기 주도형 인성과 경력 개발.

Chapter 8

진로에 대한 탐색

1. 진로의 의미

인간은 누구나 성인이 되면 직업을 갖는다. 인간은 일을 하며 살기 때문에 직업은 인간 삶에 매우 중요한 일부이다. 따라서 직업 선택을 위한 진로 탐색은 어려서부터 시작되어야 한다. 진로(Career)란 단순히 직업 선택만을 의미하는 것이 아니라 직업 선택을 위한 교육적, 사회적, 개인적인 부분까지 포함한 전 생애에 걸친 적응활동을 말한다. 이러한 진로는 진로교육, 진로 지도 등을 통하여 누구나 가져야 할 직업과 관련된 교육활동이 있어야 한다.

진로교육 또는 진로 지도는 진학 지도와 취업 지도의 상위 개념이다. 진로교육은 장래에 행복한 삶을 살게 하기 위한 개인능력 또는 잠재 가능성의 계발 토대를 구축하고, 행복한 사회구성원으로 육성하는 데 보다 밀접하게 관련되어 있다. 따라서 진로교육은 학교 체제 내에서 일과 직업세계가 중심이 되는 의도적, 계획적, 체계적인 교육을 통해 장래 직업세계에 종사할 진로를 탐색하여, 이를 합리적으로 선택, 준비, 결정할 수 있는 능력을 길러주는 것이다(김충기, 1999). 자신의 적성, 흥미 능력, 인성 등을 이해하고, 사회 경제 구조적인 측면에서 직업의 세계를 이해한다. 이를 토대로 자신에게 적합한 진로계획을 수립하고 그에 필요한 지식과 기술, 기능을 습득하는 것이 바람직하다.

직업 선택은 일회적인 사건이 아니라 생애과정 동안 계속적으로 발전시켜 나가야 할 과제로 볼 수 있다. 즉, 직업 선택뿐 아니라, 취업 후 직업에 대한 만족, 직업 전환, 은퇴 등의 진로 문제가 있다. 일과 직업은 인간이라면 누구에게나 주어진 삶의 과정이라고 할 수 있다. 우리 삶에서 가장 큰 비중을 차지하는 것이 직업이라고 볼 때, 진로는 직업과 직결되어 있으므로 청소년기부터 미래 준비를 위한 탐색이 시작되어야 한다.

Super(1990)에 의하면, 인간은 생애과정 동안 직업과 진로 문제에 당면하게 되는데, 만일 진로 문제에 성숙한 사람이라면 최소한의 어려움을 느끼면서 해결할 것이고, 만일 진로 문제에 성숙하지 못한 사람이라면 발달적 문제를 충분히 해결하지 못하며 해결한다 하더라도 부적합한 방법을 사용하므로 결과적으로 문제해결에 실패할 수 있다고 한다. 그러므로 진로 문제에 대한 성숙한 개인으로서 직업 준비가 요구된다.

우리 인생에서 직업이 차지하는 의미는 다음과 같다(권석만, 2011).

첫째, 직업은 생활에 필요한 경제적 소득을 얻는 생계유지의 기본 수단이다. 생존에 필요한 의식주의 조건을 마련하기 위해 생산적 활동을 하는 것이 직업이다.

둘째, 직장은 경제적 보상을 제공하는 대가로 종사자에게 업무 수행을 요구한다. 직장을 다니면 소득을 얻는 대신 업무 수행의 의무가 따라오게 된다. 직장에서 요구하는 기본 방침에 따라야 하고 주어지는 업무를 수행할 수 있어야 한다. 만약 주어진 업무를 수행하는 데 어려움이 따를 경우 직장을 그만둬야 하는 상황이 발생하기도 한다.

셋째, 직장은 자신의 능력을 발휘하는 자기실현의 장이 되기도 한다. 자신의 개성과 능력을 발휘하여 자신이 추구하는 목표와 가치를 실현할 수 있다. 따라서 직장은 인생에 있어서 자기실현의 성취를 이루는 무대가 되기도 한다.

넷째, 직장은 인생에서 가장 많은 시간을 보내는 곳이다. 대학을 졸업하고 20대 중반부터 직장을 다닌다고 보았을 때 직장의 종류에 따라 정년퇴직까지 적게는 20년에서 많게는 40년 정도까지 일을 하게 된다. 따라서 직장에서 만족을 찾지 못하고 인간관계가 불만족스럽게 된다면 인생의 많은 부분을 힘들게 보낼 수 있다.

다섯째, 직장은 여러 사람으로 구성된 인적 조직 구조를 갖고 있다. 모든 직장에는 조직과 운영방침을 가지고 있으며 고용자는 해당 내용에 적응할 수 있어야 한다. 또 효율적인 업무 수행을 위해서는 직장 내 원활한 인간관계가 필수적이다.

2. 진로 발달 이론

Super(1990)는 Ginzberg의 진로 발달 이론에 대한 미흡성을 비판하고 보다 포괄적이고 광범위한 진로 발달 이론을 정립하였다. 발달심리학에 근거하여 연령에 따라 생애 발달 단계(life stage)를 구분하고, 각 단계별로 특징적인 진로 행동을 규정하였다. 즉, 개인의 특성, 능력, 환경 등의 차이로 인해 개인마다 직업의 수준, 직업의 종사 기간 등은 모두 다를 수 있지만, 대부분 성장기, 탐색기, 확립기, 유지기, 쇠퇴기의 다섯 가지 생애 발달 단계를 순서대로 걸친다고 주장하였다. 진로 발달 이론과 접근방법은 학자에 따라 다양하게 분류되고 있지만, 그중에서 대표적인 Super의 이론을 중심으로 살펴보고자 한다(김충기, 1999; 이은경, 2001).

1) 진로 발달 단계

사람들은 성장기, 탐색기, 확립기, 유지기, 쇠퇴기라는 일련의 발달 단계를 거친다.

(1) 성장기(growth stage, 0~14세)

성장기는 출생에서 14세까지의 시기로 가정과 학교에서 중요한 타인을 동일시함으로써 자아개념을 발달시켜 나간다. 초기에는 욕구와 환상이 지배적이지만, 점차 흥미와 능력을 중요시하게 된다. 여기에는 다시 아동의 욕구가 지배적이며 역할 수행이 중시되는 환상기(fantasy substage, 4~10세), 진로의 목표와 내용을 결정하는 데 있어서 아동의 흥미가 중요시되는 흥미기(interest substage, 11~12세), 진로 선택 시 능력을 중시하는 능력기(capacity substage, 13~14세)로 나눈다.

(2) 탐색기(exploration stage, 15~24세)

탐색기는 15세에서 24세까지의 시기로 자신의 욕구, 능력, 가치, 취업 기회 등을 고려하며 자신에게 알맞은 진로를 탐색하여 잠정적으로 선택한다. 주로 학교생활, 여가활동, 시간제 일 등을 통해 직업적 자아개념을 발전시켜 나간다. 이 단계는 다시 자신의 욕구, 흥미, 능력, 가치, 취업 기회를 고려하기 시작하여 잠정적으로 진로를 선택하는 잠정기(tentative substage, 15~17세), 장래 직업을 가지기 위해 필요한 교육이나 훈련을 받고 자신의 자아개념을 확립하는 전환기(transition substage, 18~21세), 자기에게 적합하다고 판단되는 직업을 선택하여 이에 취업하는 시행기(trial substage, 22~24세)로 나눈다.

(3) 확립기(establishment stage, 25~44세)

확립기는 25세에서 44세까지의 시기로 직업세계에서 일 경험을 통해 자신에게 적합한 분야를 발견하여 거기에서 안정적인 기반을 확보하기 위해 노력한다. 자신이 선택한 직업이 적합하지 않을 경우 직업 전환을 시도하는 시행기(trial substage, 25~30세), 개인의 진로 유형이 안정되는 시기로서 직업을 통해 만족감, 소속감, 지위 등을 갖게 되는 안정기(stabilization substage, 31~44세)로 나눈다.

(4) 유지기(maintenance stage, 45~64세)

유지기는 45세에서 64세까지의 시기로 직업적응 과정을 통해 직장에서 자신이 처한 상황을 개선해 나가며 정해진 직업에 정착하여, 이를 유지하기 위한 노력을 하는 시기이므로 가장 안정된 생활을 영위한다.

(5) 쇠퇴기(decline stage, 65세 이후)

쇠퇴기는 65세 이상의 시기로 정신적·육체적으로 기능이 쇠퇴해지고, 노동 생산성이 감소하여 최종적으로 직업에서 은퇴하게 된다.

이상에서 밝힌 다섯 단계 중에서 Super(1990)는 탐색기와 확립기의 진로 발달을 중요시했다. 그 이유는 이 시기가 개인이 좋아하는 직업세계에 대해 구체적인 선택을 하고 안정적인 발전을 이루면서 자아개념을 완성해 나가는 시기이기 때문이다. Super는 지나치게 자아개념 지향적이며 지적인 면을 강조하고 직업 발달 측면만을 강조한다는 비판을 받고 있다. 그러나 개인의 직업 발달 과정을 자아실현과 생애 발달 과정으로 본 점과 자아개념의 직업 자아개념으로의 전환, 진로 유형, 진로 성숙, 진로 발달 단계에 초점을 맞추면서 진로 발달 과정을 체계적으로 기술하고 있다는 점에서 진로 발달 이론 중에서 가장 역동적이고 포괄적인 이론이라고 할 수 있다.

2) 생애 역할

Super의 진로 발달 단계에 의하면 개인은 성장기, 탐색기, 확립기, 유지기, 쇠퇴기라는 일련의 단계를 통과한다. 각 시기마다 주어지는 역할과 수행해야 하는 과정들은 개인이 살아가면서 받아들이고 선택할 수 있어야 한다. 발달 단계마다 선택과 결정이 최선의 것이 되면 개인의 인생은 행복한 삶을 영위할 수 있다.

Super(1990)는 이런 역할들을 생애 역할이라 부르고 사람마다 기본적으로 학습(studying), 근로(working), 지역사회의 봉사(community service), 가족구성(home and family), 여가활동(leisure activities)의 역할이 있다고 한다. 생애 역할의 개념은 우리로 하여금 성인의 인생에서 나타나는 변화를 이해하도록 해준다. 왜냐하면 어떤 역할은 연령에 따라 예측 가능하게 이동하기 때문이다.

특정 사회에서 특정 연령대에는 그에 맞는 역할이 수반된다. 즉, 개인은 진로 발달 단계를 거치는 동안 다양한 생애 역할을 직면하게 되고, 특정 시점에서 개인의 생애 역할들은 상호작용을 한다. 이전의 역할 수행 정도는 이후의 역할 수행에 영향을 미치게 되었다. 그러므로 만일 자신의 가족이나 여가활동을 무시한 채 오직 하나의 생애 역할(예를 들면 '근로' 역할)만 고려할 경우 생애 역할상의 갈등이 초래될 수 있다. 반면에 진로 발달 단계마다 직면하게 되는 다양한 역할들을 조화롭게 통합해 가면 개인은 보다 적극적이며 책임감 있게 기능하게 되고 생애활동들을 매우 가치 있게 이끌어 갈 수 있다. 개인에게 부과된 발달 과업은 구체화, 상세화, 실행화, 안정화, 견고화로 제시할 수 있다(박성미, 2005; Super & Nevill, 1984).

〈표 4〉 개인에게 부과된 발달 과업

발달 과업	연령	일반적인 특징
구체화 (Crystallization)	15~18세	자신의 흥미, 가치는 물론 가용자원과 장차 일어날지도 모를 일 그리고 선호하는 직업을 위한 계획 등을 인식하여 일반적인 직업 목적을 형성하는 지적과정 단계의 과업이다. 이 과업은 선호하는 진로에 대하여 계획하고, 그 계획을 어떻게 실행할 것인가를 고려하는 것이다.
상세화 (Specification)	18~21세	잠정적인 직업에 대한 선호로부터 특정한 직업에 대한 선호로 옮기는 단계이다. 이 단계 과업은 객관적으로 직업 선택을 하고 선택된 직업에 대해서 교육이나 훈련 활동 등을 통해 더욱 구체적으로 진로계획을 상세화하는 것이다.
실행화 (Implementation)	21~24세	선호하는 직업세계에 진입하기 위하여 교육 및 훈련을 마치고 취업하는 단계이다.
안정화 (Stabilization)	25~35세	직업세계에서 실제 직무를 수행하고 재능을 활용함으로써 진로 선택이 적절한 것임을 인식하고 자신의 위치를 확립하는 단계이다.
견고화 (Consolidation)	35세 이상	승진, 지위 획득, 경력 개발 등을 통하여 자신의 진로를 안정되게 하는 단계이다.

나의 생애 역할

※ 자신이 수행하고 있는 여러 가지 역할(자녀, 가족, 구성원, 시민, 근로자 등)을 어떻게 하고 있는지 간략하게 기술한다. 동시에 여러 가지 생애 역할에 대해 스스로 평가해 보고, 개선점과 발전시켜야 할 점을 기술해 보자(해당되지 않는 역할은 쓰지 않아도 된다).

여러 가지 생애들	생애 역할에 대한 구체적인 설명 적기	나의 생애 역할에 대한 평가	개선점 및 보안점
근로자(직장인)로서의 역할		매우 만족 5 / 만족 4 / 보통 3 / 불만족 2 / 매우 불만족 1	
학생으로서의 역할		5 4 3 2 1	
시민(국민)으로서의 역할		5 4 3 2 1	
자녀로서의 역할		5 4 3 2 1	
여가생활을 즐기는 사람으로서의 역할		5 4 3 2 1	

3. 진로 선택의 기본 원리

현대에 접어들어 사회의 제반 여건과 상황이 급속히 변화하고 있고, 특히 노동시장에서 요구되는 다양한 능력들로 진로 선택에 어려움을 겪고 있다. 현대사회의 특징은 고도의 산업사회, 정보화 사회로 직업세계가 다양화, 전문화, 세분화되어 있어 개인이 직업 선택을 하는 데 폭이 넓어져 좋은 점도 있지만, 요구되는 분야 자체가 구체적이어서 개인의 역량이 없이는 도전하기 어려운 분야도 많이 있다. 그러나 아직도 학교 교육에서는 획일적인 사고방식과 교육적 접근으로 교육은 단순히 대학 입시라는 목표 하나만을 바라보는 일관된 교육의 범위를 벗어나지 못하고 있다.

따라서 진로 선택은 자라나는 세대에 있어서 장차 미래의 삶을 위한 충분한 터전을 마련하는 것이다. 특히 앞으로의 사회에서는 평생 하나의 직업만으로 살아가기 힘든 시대이므로 적어도 2개 이상의 직업을 가져야 한다. 이런 의미에서 학교 교육에서 장래의 효과적인 진로 선택을 위한 준비교육이 선행되어야 한다. 직업은 인간의 일생에서 아주 중요한 좌표를 좌우하는 관건이 되므로 선택에 신중함을 기해야 한다.

초·중등학교에서부터 진로 선택에 대한 내용들을 고민하고 생각할 수 있도록 관련 내용을 다루어 주어야 한다. 수많은 직업과 짧은 시간 안에 없어지는 직업과 새로 생겨나는 직업들, 이들에 대한 탐색이 이루어진다면 어려서부터 어떤 직업을 선택할 것인가를 충분히 고민하고 직업의 유행과 흐름을 파악하는 데 도움이 될 것이다. 진로 선택은 경제 전반의 발전 전망, 산업 구조의 발전 전망, 과학기술의 발전 전망, 인력 수요 공급의 전망, 공업 발전의 추세와 고용 전망, 미개척 분야의 전망 등에 대해 객관적이고 과학적이며 현실수준에 알맞게 탐색되어야 한다.

직업 선택을 위해 누구나 지켜야 할 진로 선택의 기본 원리는 다음과 같다(김충기, 1999).

첫째, 자기이해 : 자신을 이해하고 자신의 능력을 객관적으로 파악하여야 한다. 즉, 자기의 소질과 적성, 흥미, 포부, 선택할 직업에서의 성공 가능성, 위험 부담률 등을 생각하여 결정할 수 있도록 자신에 대한 이해가 우선되어야 한다.

둘째, 직업세계의 이해 : 직업의 종류와 다양화로 자기 직업을 선택하는 데 어려움이 있다. 따라서 어떤 직업이 있는지 직업에 대한 이해와 탐색 과정이 필요하며, 이에 따른 계획적인 지도가 필요하다.

셋째, 가치관의 정립 : 직업 선택 이전에 자신의 가치관 정립이 필요하다. 이 세상을 건전하고 행복하게 살아가려면 본인에게 적합한 건전한 가치관을 갖도록 지도해야 한다. 가치관에는 외재적 가치와 내재적 가치가 있다. 외재적 가치는 주로 권력, 돈, 명예 등을 의미하고, 내재적 가치는 정서적 만족감을 주는 보람과 긍지, 심리적 보상 등을 들 수 있다. 따라서 편중된 가치관 정립보다는 가치관의 조화를 이룰 수 있도록 해야 한다.

넷째, 표준화 검사의 실시 : 개인의 인·적성을 객관적으로 알기 위해 각종 표준화된 검사 도구의 활용이 요구된다. 지능, 적성, 흥미, 인성, 창의성, 자아개념 검사, 진로 성숙도 검사 등을 실시하여 자신의 잠재력이 무엇인가를 확인할 필요가 있다.

이 외에도 진로정보 활동을 통하여 진로와 관련된 각종 정보를 획득하여 직업에 대한 깊은 이해를 할 수도 있다. 또 직업 상담을 통해 직업과 관련한 내용들과 진로에 대한 내용들에 대해 조언과 자문을 구할 수 있다.

자신이 좋아하는 직업 중에서 현실적인 상황을 고려하여, 나의 직업으로 적합하다고 생각하는 것을 선택하고 그 이유를 적어보자.

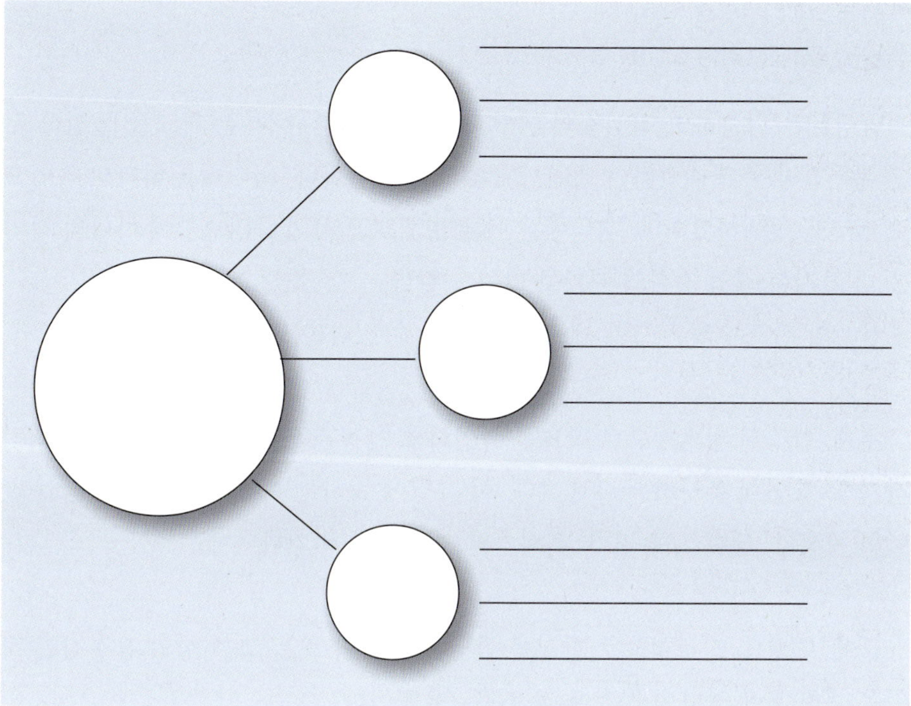

4. 진로 발달

진로교육을 할 때 가장 기본이 되는 것은 진로 발달 과정에 대한 이해이다. 사람들은 특정한 진로를 선택하게 되는데, 그것은 결국 진로 발달과 관련지어 생각해 볼 수 있다. 진로 발달을 남성과 여성으로 나누어 살펴보고, 현대사회로 오면서 취업률이 높아지고 있는 여성의 경우에는 진로장애 문제까지 생각해 보고자 한다(박성미, 2005).

1) 남성의 진로 발달

남성들은 단순하고 직선적인 발달 단계를 거친다. 대부분 학교를 졸업하고, 군 복무를 마치고 취업하여 정년까지 직업에 종사한다. 과거에는 하나의 직업으로 정년을 맞이하였지만, 최근에는 이른 명퇴로 인하여 중장년기에 하나의 직업을 더 가지는 직업 전환의 시기를 맞기도 한다.

남성의 진로 유형은 크게 네 가지로 나눌 수 있다(이현림 외, 2003).

첫째, 안정된 진로형으로 학교를 졸업하고 안정된 직업을 선택해서 정년퇴직까지 그 직업에 종사하는 유형이다. 이 유형에 속하는 사람들은 대부분 직업 발달의 형성기, 상승기, 유지기, 은퇴기의 경로를 거쳐 간다.

둘째, 전통적 진로형으로 학교를 졸업하고 하나 또는 그 이상의 잠정적인 직업을 거친 후에 하나의 직업에 정착하는 유형이다.

셋째, 불안정한 진로형으로 학교를 졸업한 후 영구적인 직업을 갖지 못하고 일시적인 일과 안정된 일을 번갈아 하는 유형이다.

넷째, 다면적 진로형으로 진로라고 할 만한 직업을 제대로 갖지 못한 유형이다. 이 유형은 자신의 진로 적성을 알지 못하고 적합한 것을 파악하지 못하여 여러 직업을 가지며 시행착오만 되풀이하는 유형이다.

2) 여성의 진로 발달

여성의 진로 문제를 연구한 학자들(Betz & Hackett, 1997; Fitzgerald & Betz, 1983; Swanson & Woitke, 1997)에 의하면, 여성의 진로 발달은 결혼에 대한 관

심을 제외하고는 남성과 다르지 않다고 한다. 그러나 결혼에 대한 관심이 실제로는 여성들로 하여금 진로 갈등을 야기시키는 주 요인이 되고 있다. 즉, 여성은 학교 교육 기간 중에 결혼에 대한 관심을 나타냄으로써, 교육 및 직업준비에 방해를 받는 반면, 남성은 결혼에 관한 관심을 학교 졸업 후에 직업을 갖고 나서 가짐으로써 결혼과 진로 간에 갈등이 없다고 지적한다.

또한 Super(1990)에 의하면, 여성은 진로 결정과 관련하여 주위환경으로부터 많은 영향을 받아 진로 미결정 현상을 보이는 경향이 높다고 한다. 반면에 남성은 직업을 가져야 한다는 생각에 대해 이미 견고한 진로 설정이 되어 있어 안정적으로 진로 선택 및 준비가 가능하다고 한다. 그리고 Swanson & Woitke(1997)에 의하면, 취업 여성은 가사와 육아의 역할에 일차적인 중요성을 두고 있어 진로에 있어서의 성공과 만족을 제한시킨다고 한다. 이상의 연구 결과를 정리해 보면, 여성은 삶에 있어 가정과 진로라는 두 요소를 잘 결합시킨다면, 여성의 진로 발달에 긍정적인 영향을 줄 것이라 생각한다. 그러나 가사 및 육아 역할과 근로 역할은 양립할 수 없는 역할이며, 그로 인해 갈등 혹은 과부하가 초래되는 것이다. 이는 여성의 전통적 진로를 가사 및 육아로 이해하는 관점에서 비롯된다고 볼 수 있는데, 단지 여성의 의식 변화만으로 해결할 수 있는 문제는 아니며 사회문화적 측면에서 구조적인 해결이 요구되는 복잡한 문제라고 볼 수 있다.

한편 Super(1990)는 남성의 경우에도 생애 역할들 간 조화를 이룰 때 보다 진로 성숙을 보인다는 주장을 하고 있다. 그러므로 여성의 경우에도 생애 역할들 간 조화를 이룰 수 있다고 본다. 중요한 점은 대부분의 여성들이 이런 역할갈등 혹은 역할 과부하를 두려워하여 진로에 대한 관심을 처음부터 철회하거나 진로 결정을 미루는 현상을 보이는 것이다. 이런 진로 불결정과 진로 미결정에 가장 크게 영향을 주는 요인이 진로장애이다(Hackett & Lonborg, 1993). 다소 소극적인 면이 없지 않으나 여성의 진로 발달을 내적인 부분에서 극복하자는 관점에서 여성들이 느끼는 진로장애를 보다 구체적으로 살펴보고자 한다.

3) 여성의 진로장애

Swanson과 Woitke(1997)는 진로장애를 '진로 향상을 어렵게 만드는 개인 내 혹은 환경적 사건이나 상황'으로 정의함으로써 장애는 변화 불가능한 것이 아님을 시사하였다. Hollinger(1991)는 진로장애를 성 역할 사회화에 의해 어린 시절부터 학습된 것으로 보고 진로장애에 대처하는 기술의 중요성을 역설하였다. 이런 정의들에 의하면, 진로장애는 극복될 수 있다는 점을 시사해 주고 있다. 이런 관점에 근거하여 임은경(1998)은 여성의 진로장애는 신념에 기초하고 있으므로 인지적 상담을 통해 조력이 가능하다고 한다.

Crites(1969)는 진로 발달을 저해하는 조건으로 자아개념이나 성취동기와 같은 내면적 문제인 '내적 갈등'과 직장에서의 승진 차별이나 월급과 같은 '외적 좌절'로 구분하였고, Farmer(1976)는 여성의 진로 성취를 저해하는 장애로 여섯 가지의 '자아개념장애'와 네 가지의 '환경적 장애'로 구분하기도 하였으며, Harmon(1977)은 '심리학적 장애'와 '사회학적 장애'로 구분하기도 하였다. 이와 같이 대부분의 연구자들은 진로장애를 크게 개인적인 것과 환경적인 것으로 이분하는 경향을 보인다.

이상의 연구 결과를 종합적으로 반영한 Swanson과 Woitke(1997)는 여성들이 보일 수 있는 잠재적인 진로장애 열한 가지를 제시하였다.

〈표 5〉 잠재적 진로장애

진로장애의 범주	진로장애의 구체적인 내용
자신감의 부족	• 낮은 자아 존중감 · 가족과 친구들의 비난 • 직무 수행에 대한 자신감의 부족 • 특정 직업 준비에 대한 부적절감
비전통적 진로 선택에 따른 반대	• 다른 사람들의 반대 • 비전통적 진로를 취하는 데 대한 스스로의 생각과 우려
의사결정의 어려움	• 만성적인 우유부단 · 정보의 부족 • 목적, 흥미, 대안, 가치의 불확실성 • 의사결정 기술의 부족
진로에 대한 불만	• 자신의 발전이나 이용 가능한 기회에 대한 실망 • 자신의 진로에 대한 지루함과 불만족
성 차별	• 고용과 승진 · 보상에 있어서의 공평성 · 성희롱
다른 요인에 의한 변화	• 연령과 관련된 차별
직업시장의 제약	• 변화하는 경제구조에 따른 계획수립의 어려움 • 특정분야가 유망하지 않으리라는 전망
여러 역할 간의 갈등	• 가사와 육아 역할과 근로 역할 간 갈등 • 배우자 역할과 근로 역할 간 갈등
자녀와 진로 요구 간의 갈등	• 부적절한 탁아소 문제 • 직업시장을 그만두거나 재취업하는 것 • 시간의 요구나 기대를 처리하는 것 • 죄책감이나 다른 사람들로부터의 압력을 처리하는 것
신체장애와 건강상의 문제	• 진로 선택을 제한하는 신체장애 • 직업이나 진로를 방해하는 건강상의 문제 • 신체장애에 기인한 고용이나 승진상의 차별
인간관계와 사회화의 어려움	• 주위에 도움을 줄 만한 역할 모델이나 조언자가 없음 • 취업이나 승진을 위해 자신을 알리는(sell self) 방법 잘 모름 • 성실하고 올바른 사람들을 알지 못함

미래의 나의 모습

※ 지금 나의 삶은 어떠한가? 나이가 들어가면서 나의 삶이 어떻게 바뀔 것이라고 생각하는가? 각 시기에 따라 당신이 주로 하는 일이나 활동은 무엇일지 생각해 보자. 미래의 나 자신을 알아보기 위해 사는 곳, 직업 또는 주요 활동, 역할, 가장 가까운 사람들을 중심으로 미래 자신의 모습을 구체적으로 상상해 보자.

나이	사는 곳	직업 또는 주요 활동	나의 생애 역할	가장 가까운 사람들
현재				
30대				
40대				
50대				
60대				
70대				

Chapter 9

나에게 영향을 미친 인물

1. 의미 있는 타인

여러분은 지금까지 살면서 몇 명의 사람들과 만났는가? 나에게 중요했던 사람은 누구인가? 나에게 영향을 미친 사람은 누구인가? 내가 존경했던 사람은 누구인가? 부모님, 세종대왕, 이순신, 빌 게이츠, 선생님, 친구? 지금 떠오르는 사람들이 어떤 점에서 나에게 소중하고 어떤 점에서 존경하는 사람인가? 우리는 평생 동안 수많은 사람들을 만나 인간관계를 맺고 살아간다. 그러나 우리가 인간관계를 맺은 사람들은 각기 우리의 삶에 미치는 영향력에 있어서 차이가 있다. 우리의 삶에 중요한 영향을 미치는 사람일수록 의미 있는 타인이 된다.

과연 의미 있는 타인은 어떤 사람일까? 고매한 인격, 성자 같은 희생심, 탁월한 리더십이 없어도 좋다. 유머감각, 센스, 성실함 등이 있어도 좋을 것이다. 의미 있는 타인의 기준을 몇 가지 소개하면 다음과 같다(Kiesler, 1996).

① 내가 매우 좋아하고 또한 나를 매우 좋아하는 사람
② 내가 닮고 싶어하는 사람(나의 이상(理想)이 되는 사람)
③ 내가 조언과 충고를 얻기 위해 찾는 사람
④ 나의 인생과 관련된 중요한 사안에 대해서 결정을 하는 사람
⑤ 나의 의견과 행동에 중요한 영향을 미치는 사람(내가 그 사람으로부터 인정받기를 원하며 나에 대한 그 사람의 평가를 중요하게 여기는 사람)
⑥ 나의 개인적 성장을 촉진하는 사람(그 사람과 함께 있으면, 내가 한 단계 넓고 깊어지며 인격적으로 향상되는 영향력을 느끼는 사람)
⑦ 내가 정서적으로나 심리적으로 가장 깊게 신뢰하는 사람
⑧ 나와 같은 가치관을 공유하고 있는 사람
⑨ 내가 실제적 관계이든 상상적 관계이든 많은 시간을 함께 보내는 사람(내가 자주 접촉하고 많은 시간을 보내며 많은 일을 함께하는 사람)
⑩ 나에게 가장 적절하고 유용한 평가적 피드백을 제공하는 사람

⑪ 나에게 친밀감과 존중감을 제공하는 실제적 또는 잠재적 원천이 되는 사람

이러한 정의들을 종합하면, 의미 있는 타인은 크게 네 가지 역할을 하는 것으로 요약될 수 있다(노이경 외, 2010).

첫째, 의미 있는 타인은 나에 대한 사회적 지지자의 역할을 한다. 내가 어려움에 처하거나 도움이 필요할 때, 정서적 또는 재정적 지원과 같이 다양한 지원을 제공한다. 변함없이 일관성 있게 지원을 해주는 사람일수록 나에게 의미 있는 타인이 된다.

둘째, 자기평가에 중요한 영향력을 미치는 사람이 의미 있는 타인이 된다. 인간은 타인의 눈을 통해서 자신을 가늠한다. 즉, 나에 대한 타인의 의견과 평가를 통해서 나를 바라보게 된다. 이처럼 나에 대한 평가를 객관적으로 하며, 그 내용이 나의 성장에 유용하다고 판단되는 평가를 하는 사람이 의미 있는 타인이다. 이들은 우리가 진정으로 인정받기를 원하는 사람들이며 우리의 행동에 중요한 영향을 미치는 사람들이다.

셋째, 서로 유사성이 많을수록 더 의미 있는 타인으로 여기는 경향이 있다. 즉, 성격, 가치관 등이 많이 유사한 사람일수록 의미 있는 타인으로 여기게 된다.

넷째, 상호적으로 영향력이 큰 사람일수록 더 의미 있는 타인으로 느껴지게 된다. 우리의 삶에 있어서 중요한 의미를 지니는 사람은 강한 상호 의존적 관계를 맺고 있는 사람이라고 할 수 있다.

사람마다 타인을 자신의 삶에 의미 있는 사람으로 평가하는 기준이 다를 수 있다. 그러나 일반적으로 개인의 가치관과 세계관에 중요한 영향을 주었거나 주고 있는 사람이 의미 있는 타인이 된다. 대부분의 경우, 의미 있는 타인으로는 어머니, 아버지, 친구, 연인이나 배우자, 교사 등이다. 특히, 어린 시기에 양육을 담

당하고 사회화 과정에 일차적으로 관여했던 양육자, 즉 부모가 가장 의미 있는 타인으로 여겨진다. 그러나 사람마다 개인적 경험에 따라서 의미 있는 타인은 달라질 수 있다.

타인은 긍정적인 의미뿐만 아니라 부정적인 의미에서 개인에게 중요한 존재가 될 수 있다. 일반적으로 긍정적인 의미에서 중요한 타인은 나를 지원하고 인정하며 함께 있으면 편안하고 재미있는 사람이거나 나의 잠재력을 성장시키고 실현하도록 돕는 사람을 뜻한다. 예컨대 나를 키워주시고 변함없는 애정으로 자식을 사랑해 주신 어머니가 긍정적인 의미에서 가장 중요한 타인이 될 수 있다. 반면, 부정적 의미에서의 중요한 타인도 있을 수 있다. 나에게 깊은 심리적 상처나 고통을 준 사람, 나의 삶을 가로막고 있는 사람 등이 그러한 타인이다. 예를 들어 가정에서 폭군처럼 행동하여 나에게 많은 심리적 갈등을 초래한 아버지는 부정적인 의미에서 중요한 타인이 될 수 있다. 긍정적인 점에서 의미 있는 타인뿐만 아니라 부정적인 점에서 의미 있는 타인 역시 우리의 인생관과 세계관에 중요한 영향을 미치게 된다(권석만, 2011).

2. 나에게 영향을 준 인물

나의 삶에 중요한 영향을 미치는 사람이란 어떤 사람을 뜻할까? 아마도 내가 매우 좋아하는 사람, 나의 성장을 돕는 사람, 내가 어려울 때 도와주는 사람, 나의 고민을 들어주는 사람 등이 해당될 것이다. 따라서 나에게 영향을 미친 인물의 가치관과 인생관, 세계관에 따라 나의 미래도 그려볼 수 있다. 내 주변에 함께 있다는 이유만으로 그들의 중요성을 잊고 지낸 것은 아닌지 다시 한 번 생각해 볼 필요가 있다. 내가 자주 만나고 이상형으로 생각하는 롤모델이 다른 사람들도 존중하는 인격적이고 존경받을 만한 인물일수록 나의 미래도 밝을 것이다. 여러분들의 이정표는 지금 어디를 향해 있나요?

내 인생에 영향을 준 혹은 고마운 사람에게 편지쓰기

__________에게

올해도 잘 살아낸 나에게 편지쓰기

__________에게

PART II

예절교육

Chapter 10

기본생활 예절

사회생활 속에서 사람과 사람 사이의 사귐에 있어서 서로 상대방에게 예(禮)를 나타내는 말투나 몸가짐, 행동 따위를 예의(禮儀)라 하며, 인간생활에서 대인적인 말투나 동작의 정해진 꼴을 범절(凡節)이라 일컫는다. 따라서 예절(禮節)이란 예의에 대한 범절을 말한다.

우리 민족은 반만년의 유구한 역사 속에서 고유한 미풍양속과 지혜로운 도덕·윤리를 창출하고 보전해 온 위대한 민족이다. 헐벗고 굶주린 가난 속에서도 사람의 도리를 지켜왔고, 외침과 민족의 비운 속에서도 민족적 전통과 끈기를 저버리지 않았던 끈기 있는 국민이다.

인간의 생활 속에서 예절이 없어진다면 사람은 동물보다 못한 삶을 살게 될 것이다. 왜냐하면 이렇게 되면 이 세상에는 법이나 도덕이 있을 수 없고 모든 질서와 믿음도 사라지고 말기 때문이다. 그러므로 인간은 하루라도 예의라는 정신적 생활에서 떠날 수 없다. 아무리 고도의 물질문명이 발달한 사회에 산다고 해도 우리들은 예의 없는 생활은 생각할 수 없게 된다(오성환·김금수, 2005).

생활 주변에서 예절은 왜 강조되는 것일까? 또 잘 지켜지지 않는 이유는 무엇일까? 예절은 꼭 필요한 것일까? 예절 하면 가장 먼저 무엇이 떠오르나? 생활 속 예절은 왜 어떻게 생겨났을까? 서로 지키면 기분 좋은 예절에는 어떤 것이 있을까? 등에 대해 생각해 보고 대학생으로서 갖추어야 할 기본적인 생활예절과 직장예절을 익힐 수 있도록 해야 할 것이다.

1. 인사예절

인사예절은 많은 생활예절 중에서도 가장 기본이 되는 예절이다. 우리는 예로부터 인사를 잘하고 못하는 것으로 사람의 됨됨이를 가늠하기도 하였다. 인사성이 밝은 사람을 보면 "사람이 참 예의 바르고 반듯하다."라는 표현을 쓰며, 다른 면에서도 후하게 점수를 준다. 인사는 받는 사람만의 기쁨이 아니라 하는 사람도 기분이 좋아지는 일이다.

인사는 상대방을 인정하고 존경하며 친밀감을 나타내는 기본적인 방법으로 사람들 간의 기본적인 예의라고 할 수 있다. 상대방에게 인사를 잘하면, 상대방을 기분 좋게 할 뿐만 아니라 결국 나에 대한 칭찬과 인정이 되어 돌아오게 된다. 아울러 상냥한 인사성은 인간관계를 원만히 할 뿐 아니라 공동체를 활기차게 만드는 요소이다. 인사의 종류와 방법을 살펴보면 다음과 같다(노이경 외, 2010).

1) 공수

어른을 모시거나 공식행사에 참석할 때 공손한 자세를 취하기 위해서 행하는 우리의 전통예절이다. 두 손을 앞으로 모아 잡으면서 엄지손가락은 깍지를 끼고 네 손가락은 가지런히 펴서 포개야 한다.

- 평상시 남자는 왼손이 위·오른손이 아래로, 여자는 오른손이 위·왼손이 아래로 오게 한다.
- 흉사(凶事) 시의 공수는 평상시와 반대로 한다.

2) 약식 인사(반경례)

올바른 인사는 상대방의 눈을 보고 미소 띤 얼굴로 가볍게 고개를 숙이며 하는 인사이다. 그러나 급히 뛰어가면서 인사하는 것은 바람직하지 않다.

- 학교나 직장 복도를 지나면서 교수나 상사, 외부 손님, 동료 등을 만날 때
- 복도, 계단, 엘리베이터 등 좁은 공간에서 만날 때
- 양해를 구할 때와 질문, 부탁을 할 때

3) 눈인사(목례)

눈인사를 할 때는 상대방과 눈을 맞추고 가볍게 미소를 띤다.

- 캠퍼스 또는 길을 걸을 때
- 실내나 복도에서 마주쳤을 때
- 바쁘게 일을 하는 중에 사람을 맞이할 때

4) 가벼운 인사

가벼운 인사는 상체를 15도 정도 앞으로 숙인 후 잠깐 멈췄다가 원래대로 바로 서는 것을 말한다. 이때 허리부터 굽히고 시선은 상대의 목쯤에 둔다.

- 좁은 장소에서 두 번 이상 마주치거나 동료 간에 스쳐 지나갈 때

5) 보통 인사(평경례)

상체를 30도 정도 기울인다. 등은 펴고 목을 구부리지 않고, 시선을 발끝에서 약간 앞으로 둔다. 미소 짓는 것을 잊지 않는다.

6) 정중한 인사(큰 경례)

감사의 기분을 전할 때, 사과할 때, 정중히 인사할 필요가 있을 때, 배웅할 때에 한다. 머리를 숙이지 말고 등을 펴고 상체를 허리에서 30~40도 앞으로 깊게 숙이며 시선은 끝에서 1미터 앞에 두고 정중함을 표한다. 인사 시간은 보통의 인사보다 좀 더 길게 한다.

- 손님을 배웅할 때
- 감사 또는 사과(사죄)의 표시를 할 때

- 부모님 혹은 스승을 만났을 때
- 직위가 높거나 저명인사를 만났을 때

인사할 때 유의 사항은 첫째, 눈을 보지 않거나 말을 하지 않는 것은 결례이다. 둘째, 생략하거나 흐트러진 자세로 인사하지 않는다. 셋째, '수고했습니다. 수고하세요.'라는 말은 손윗사람이 손아랫사람에게 하는 말이다. 넷째, 손윗사람이 계단 밑에서 올라오고 있을 때는 벽 쪽으로 비켜선 다음 손윗사람이 같은 계단에 있을 때 인사한다. 같은 눈높이에서 멈춰 서서 인사해야 한다.

2. 소개예절

생활 속에서 소개는 다반사로 이루어지며, 서로를 연결해 주는 가교 역할을 한다. 현대생활 속에서 소개 예절의 기본을 모른다면 큰 실수를 할 수도 있다. 소개에는 자기 자신을 소개하는 경우도 있고 다른 사람을 소개하거나 소개를 받는 경우도 있다. 소개하는 대상에 따라 소개 예절이 다르다.

대인관계에서 사람을 상대방에게 소개할 때 요구되는 예절에는 소개하는 순서와 소개할 때의 자세 등이 있다(강나경, 2012; 노이경 외, 2010).

1) 소개하는 순서

- 이성 간에는 남성을 여성에게 먼저 소개한다.
- 반드시 손윗사람에게 손아랫사람을 먼저 소개한다.
- 미혼인 사람을 결혼한 사람에게 소개하는 것이 자연스러우며, 집안 식구의 경우는 중요한 사람이거나 여성이라도 자기 식구들을 다른 사람에게 먼저 소개하는 것이 예의다.

2) 자신을 소개할 때의 예절

- 자기소개를 할 때는 간결하면서 장소, 상황, 모임의 성격에 맞춰 인상 깊게 이뤄지도록 해야 한다.
- 자기를 소개할 때 지나친 유머는 가벼운 인상을 줄 수 있기 때문에 피해야 한다.
- 자신의 직함 등은 가능한 언급하지 않고 명함을 통해 알리는 것이 좋다.
- 자신을 지나치게 낮추거나 혹은 지나치게 과장해서 소개하면 첫인상이 나빠질 수 있으므로 주의해야 한다.

3) 타인을 소개할 때의 예절

- 소개 시에는 소개를 받는 사람이나 소개되는 사람 모두 일어서는 것이 원칙이다.
- 개인 대 그룹의 경우에는 개인을 그룹에게 먼저 소개한다.
- 동성끼리 소개받을 때는 서로 일어선다.
- 이성 간에는 남성을 여성에게 먼저 소개한다. 그러나 남성의 지위가 월등할 경우에는 여성을 남성에게 소개할 수 있다.

- 남성이 여성을 소개받을 때는 반드시 일어선다.
- 여성이 남성을 소개받을 때는 반드시 일어날 필요가 없다.
- 성직자, 연장자, 자신보다 지위가 매우 높은 사람을 소개받을 때 남녀관계 없이 일어서는 것이 원칙이나 환자나 노령인 사람은 예외이다.
- 손윗사람(상급자, 연장자)에게 손아랫사람(하급자, 연소자)을 소개한다.
- 기혼자에게는 미혼자를 먼저 소개한다.
- 외부사람에게는 집안사람을 먼저 소개한다.
- 사내직원을 외부사람에게 먼저 소개한다. 그러나 사내직원의 직위가 월등히 높을 경우에는 반대로 한다.
- 파티를 주최한 주인인 경우에는 우리 집에 손님으로 초대되어 온 상대가 남성이라도 일어나는 것이 예의이다.

3. 호칭예절

호칭이란 특정한 사람을 가리켜 부르는 이름이다. 우리나라는 다른 나라에 비해 호칭이 대상이나 경우에 따라서 세밀하게 분류되어 매우 복잡하고 다양하다. 그러나 그런 호칭이 매우 합리적이고 예의를 존중하는 민족적 긍지가 반영된 것도 사실이다. 호칭은 인간관계에 있어서 계층, 지위에 따라 다르고, 친족관계 등에서도 불리는 호칭이 다르다. 친족 호칭은 한 사회의 친족 제도 발달과 직결된 것으로 옛날에 사용되던 호칭이 지금은 사라져 가는 것도 있으나 일상생활에서 꼭 필요한 호칭은 정확히 알아야 한다. 나의 가족과 타인의 가족을 이야기할 때 호칭에 대해 알아두면, 과오나 실례를 범하는 일은 없을 것이다.

우리의 호칭 가운데는 순수하게 우리말로 된 것도 있고 한자어도 있다. 직장이나 사회에서 호칭을 잘못 사용함으로써 오해를 부르거나 기분을 상하게 하는 경우가 흔하다. 호칭에 대한 예절을 분명하게 알고 익혀 일상생활에서 올바르게 지킬 수 있어야 한다. 호칭은 상대방을 존중하는 마음을 전달할 수 있는 수단이기 때문에 매우 중요하다. 호칭을 정확하고 올바르게 사용하느냐의 여부로 개인의 교양수준과 사람 됨됨이까지 가늠할 수 있다. 알아두어야 할 호칭은 다음과 같다(강나경, 2012; 노이경 외, 2010).

	자신	타인	시부모	처부모
부	아버지	아버님	아버님	아버님, 장인어른
모	어머니	어머님	어머님	어머님, 장모님

● 남편과 관련된 사람

- 남편의 형(아주버님), 남편의 남동생(미혼일 때 도련님, 기혼일 때 서방님)
- 남편 형의 부인(형님), 남편 남동생의 부인(동서, 자네)
- 남편의 누나(형님), 남편의 여동생(아가씨, 애기씨)

● 아내와 관련된 사람

- 아내의 오빠(나이↑ 형님, 나이↓ 처남), 아내의 남동생(손아래 처남)
- 아내의 오빠/남동생의 부인(아주머니)
- 아내의 언니(처형), 아내의 여동생(처제)
- 아내 언니/여동생의 남편(동서)

● 남자 형제자매

- 남자 : 형의 부인(형수), 남동생의 부인(제수)
- 여자 : 오빠의 부인(언니), 남동생의 부인(올케, 자네)

● 여자 형제자매

- 남자 : 누나의 남편(매형, 자형), 여동생의 부인(매제, 매부, 자네, ~서방)
- 여자 : 언니의 남편(형부), 여동생의 남편(제부, 제랑, ~서방)

● 성씨의 표현

- 자기의 성씨를 말할 때 : 자신을 낮추는 의미에서 '○○김가(○○金哥)'라 한다.
- 자기 문중 성씨를 말할 때 : ○○김씨 ○○공파
- 어머니의 성씨를 말할 때 : ○○김씨

● 자기의 성함을 남에게 말할 때

- 성에는 자(字)를 붙이지 않고 이름자에만 자(字)를 붙여 소개한다.
  예) 홍길동 : 홍 길자 동자를 씁니다. (○) 홍자 길자 동자를 씁니다. (X)
- 자기 직책과 성명을 상대에게 말할 때는 자기를 낮추어 직책부터 대고 성명을 밝힌다.
  예) 기획과장 ***입니다. 영업팀장 ***입니다.

내가 속한 학교 내에서 지켜야 할 생활 예절에 대하여 적어보자.

캠퍼스에서 지켜야 할 예절	
강의실에서 지켜야 할 예절	
화장실에서 지켜야 할 예절	
식당에서 지켜야 할 예절	
스쿨버스에서 지켜야 할 예절	

Chapter 11

의사소통 예절

의사소통이란 다른 사람에게 영향을 주고 다른 사람을 이해하는 데 사용되는 모든 수단이 되며, 개인의 감정, 태도, 신념, 정보 및 사실 등을 전달하고 전달받는 과정이다. 사람들은 깨어 있는 동안에 70~80%의 시간을 어떤 형태로든 의사소통을 하는 데 사용하고, 그중에서도 약 45%의 시간은 듣는 데 소비한다(설기문, 2006). 의사소통을 잘한다는 것은 말하는 사람이 정보를 정확히 잘 전달하며, 듣는 사람은 상대방의 말을 정확히 잘 알아듣는 것을 의미한다(이주희 외, 2012).

이처럼 일상생활 속에서 우리는 많은 사람과 대화(의사소통)를 나누며 살아가고 있다. 마음은 그렇지 않은데 표현이 잘못되거나 의사소통이 잘못되어 서로의 마음이 상하거나 오해를 불러일으키는 경우도 많다. 또한 의사소통은 인체의 핏줄과 같다. 인체의 핏줄이나 신경계통이 제 기능을 하지 못하면 인체 전체 또는 일부에 문제를 일으키게 되는 것처럼 의사소통도 제 기능을 못하면 사람과의 관계에서 문제가 생기게 된다.

대화를 할 때는 시선 처리와 몸짓이 매우 중요한 요소이다. 대화 중에 상대방의 얼굴 중 어느 한 곳을 집중적으로 보거나 몸짓이 지나치게 많고 크다면 좋은 인상을 주지 못할 것이다. 시선은 목 아래로 두면 결례가 되므로 상대방의 눈, 코, 입, 목으로 두는 것이 좋다.

대화 중 너무 과도한 몸짓은 상대방으로 하여금 불안정해 보이거나 산만해 보일 수 있으니 삼가는 것이 좋다. 또 상대방과 대화를 하면서 시선은 주변을 살피고 있거나 물건을 만지는 동작을 끊임없이 하거나 다리를 떠는 것은 결례이다. 가능하면 휴대폰은 진동모드로 설정해 놓되 꼭 받아야 할 전화는 상대방에게 양해를 구한 뒤에 받는다. 상대방과의 대화에 집중하고 있다는 것을 알 수 있도록 반응을 보이면서 대화를 나눈다면 관계가 훨씬 좋아질 것이다.

1. 의사소통(Communication)의 3대 요소

의사소통인 Communication의 어원은 라틴어의 Communis로서 '공통의', '공유의'라는 의미를 가지고 있다. 바람직한 의사소통을 위해 요구되는 요소는 경청, 공감적 이해, 설득력 있게 말하기, 자기감정 표현하기 등이다.

1) 경청(傾聽)

경청은 상대방의 말을 잘 듣는다는 것이다. 사람은 말을 잘하는 것보다 잘 듣는 것이 훨씬 더 중요하다. 경청(傾聽)이라는 한자의 훈과 음은 '기울일 경', '들을 청'이다 '廳'자를 보면 마음이나 눈보다 귀가 앞서 있다. '귀 이(耳)'자 밑에 '임금 왕(王)'자가 있는 것을 보면 귀 기울이기를 최우선으로 하라는 의미이다.

경청은 효율적이고 촉진적인 의사소통을 위한 태도인 동시에 기술이라고 할 수 있다. 상대방의 말에 관심을 집중하고, 표정이나 행동과 같은 비언어적인 메시지에도 민감하게 주의를 기울여야 한다. 우리는 상대방이 내 말을 잘 경청하고 있음을 여러 가지 경로를 통해서 느낀다. 상대방의 표정이나 몸가짐, 끄덕거림, 적절한 반응 등을 통하여 '내 말을 잘 듣고 있구나' 혹은 '건성으로 듣고 있구나' 하는 것을 감지하게 된다(조경덕 외, 2012).

따라서 상대방의 말을 들을 때의 바른 자세는 상대방 쪽으로 몸을 약간 기울이고 눈을 바라본다. 상대방이 말을 하는 도중에 질문이나 다른 화제로 말을 끊거나 가로막지 말아야 한다.

2) 공감적 이해

공감적 이해란 상대방이 이야기하는 사실이나 사건 등 객관적인 내용뿐만 아니라 말하는 사람의 생각, 감정, 정서까지도 이해하는 것을 말한다. 상대방의 마음을 이해하기 위하여 상대방의 입장에서 생각하고 느끼려고 노력해야 한다. 다시 말해 공감적 이해를 위해서는 역지사지(易地思之), 즉 상대방의 입장에서 생각하고 상대방 마음을 헤아리면서 들어야 한다는 것이다.

공감적 이해능력에는 두 가지 기초적인 요소를 포함한다. 첫째, 대화를 하는 상대방의 말 속에 깔려 있는 핵심적인 감정을 포착하는 것으로 이것은 감수성의 차원이다. 둘째, 상대방이 말한 내용을 잘 들었다는 의미로 반응을 해주는 의사소통의 차원이다. 공감적 이해에서 유의할 점은 상대방의 말에 공감하는 것이 반드시 그의 생각에 동의하는 것은 아니라는 사실이다. 우리가 상대방과 다른 생각과 의견을 가지고 있더라도 상대방의 생각이나 느낌을 공감할 수는 있기 때문이다(조경덕 외, 2012).

3) 설득력 있게 말하기

상대방을 설득하는 데에는 첫째, 명성, 신뢰감, 호감, 인격적인 측면이 60% 정도 영향을 미친다. 둘째, 공감 및 경청을 열심히 하면서 친밀감을 형성하고 상대방의 감정을 자극하여 마음을 움직이는 것이 30%를 차지한다. 셋째, 논리적인 근거와 실증적인 자료를 대어서 영향을 미치는 것이 10%이다. 결국, 상대방을 설득하기 위해서는 좋은 인상과 신뢰감을 주는 것은 물론 인격적으로도 훌륭하다는 느낌을 주어야 한다는 것이다(강나경, 2012).

4) 자기감정 표현하기

일상적인 대화에서 우리는 자신의 감정이나 느낌을 바람직한 표현과 방법으로 나타낼 때 상대방과의 의사소통이 원활해진다. 우리의 감정이나 생각을 적절하게 표현하지 못한다면 관계는 단절되기 마련이다.

2. 직장 내에서의 바람직한 의사소통

직장동료 사이에 의사소통이 잘 안 되면 신뢰감과 연대감이 무너지고 갈등이 생기기도 한다. 이러한 갈등이 심화되어 극복이 불가능한 정도에 이르면 직장을 그만두는 일도 생긴다. 동료 간의 의사소통이 잘 되면 서로 간의 갈등이 최소화되기 때문에 직장생활도 즐거워진다. 직장에서 상대방을 이해하려고 노력하더라도 상대방의 말투가 귀에 거슬려 서로 간에 갈등이 생길 수도 있다. 능력이 뛰어나지만 평소 말이 거칠거나 남을 비판하거나 헐뜯는 말을 자주 하는 직원은 다른 동료들이 멀리하기 마련이다.

말을 잘하는 사람을 보면 의사전달 방법, 말하는 태도와 목소리, 말투가 호감을 갖게 만든다. 말을 할 때도 매너가 필요하다. 매너 없는 말 한마디는 사람들로 하여금 오해를 불러일으킨다. '내가 대우받고 싶은 만큼 상대를 대우하고, 상대가 대우받고 싶은 만큼 내가 상대를 대우한다.'는 마음가짐을 갖고 대화를 나눈다면 직장동료끼리의 갈등은 거의 일어나지 않을 것이다. 직장동료와의 원활한 의사소통을 위해서 가장 중요한 점은 상대방을 존중하는 마음이다(강나경, 2012).

1) 상사와 의사소통하는 방법

(1) 아부 대신 존중의 표현을 한다

내가 하면 처세술이고 남이 하면 아부라는 느낌을 줄 정도의 표현은 삼가는 것이 좋다. 상대방의 성격과 특징을 파악하여 의사소통 하도록 한다. 지적인 사람은 지적인 면을 칭찬하고 능력은 좀 부족하지만 인간적인 사람은 인간적인 면을 칭찬하면 존중받은 느낌을 갖게 된다.

(2) 직언할 때는 부드럽게 표현한다

뇌 과학자들은 "사람은 솔직한 것을 듣기 원하지만 듣기 싫은 진실은 거부하고, 진실은 아니지만 듣기 좋은 말만 받아들이는 이중성을 갖고 있다."라고 했다. 아무리 좋은 말이라도 강한 어투로 말하게 되면 대부분의 상사는 직언한 사람에 대해 부정적인 이미지를 갖게 된다. 직언을 하되 최대한 부드럽게 표현하면 상사는 그 내용에 대해 다시 생각해본 뒤 이를 받아들일 가능성이 더 커진다.

(3) 억울한 일을 당하면 그 자리에서 해명하기보다 일단 침묵한다

직장에서 근무하다 보면 예상치 못했던 일로 억울한 경우를 당할 수 있다. 억울한 일을 당하면 누구나 그 자리에서 당장 해명하고 싶어한다. 그러나 감정이 고조되어 있는 상사에게 그 자리에서 해명을 하고 나섰다가 미움을 받을 수도 있다. 지혜로운 사람은 그 순간은 참았다가 시간이 흐른 뒤에 억울한 사정을 소상하게 밝힌다. 진중한 사람으로 인정되어 결국에는 좋은 평가를 받을 것이다.

(4) 실수하거나 잘못을 지적당하면 일단 사과부터 먼저 한다

근무 중에 실수하거나 상사로부터 어떤 지적을 받고서 변명을 먼저 늘어놓기보다는 정중하게 사과부터 해야 한다. 이때 "죄송합니다."를 반복해서 여러 번 하면 상대방이 거부감을 느낀다. 사과를 할 때는 마음속에서 우러나오는 미안함을 상대방이 느낄 수 있을 만큼 정성을 다해야 한다.

(5) 비열한 상사에게는 인간적으로 접근한다

상사의 어떤 말과 행동이 비열하게 느껴졌을 때는 목소리를 높여 따지지 말아야 한다. 대신 인간적으로 호소하고 진심으로 대하면서 속마음을 털어놓으면 상사도 생각을 달리하게 된다.

(6) 편들지 말고 중립적인 입장을 취한다

직장에서 잘잘못이 분명하지 않은 사안에 대해서는 어느 한 쪽 편을 드는 행동을 매우 조심해야 한다. 누군가가 어떤 사람에 대해 좋지 않은 말을 하면 어느 쪽도 편들지 말고 중립적인 입장을 취해야 한다. 어느 한 쪽의 편을 들면 결과적으로 불이익을 당할 수 있다.

(7) 틀린 내용이라도 긍정적 반응을 보인 후 자기 의견을 말한다

틀린 내용에 대해 맞장구를 치면서 긍정적인 반응을 보이면 상대방은 오히려 불쾌해하거나 무시당했다고 생각한다. 일단 의례적으로 긍정적인 말을 앞세운 다음 자기 의견을 분명하게 설명한다.

(8) 나약한 말투는 피해야 한다

조직에서 무시당하지 않고 싶다면 평상시에 자신 있는 말투로 얘기할 수 있어야 한다. 머리가 우수하고 아이디어가 많아도 자신의 생각을 나약한 어투로 얘기하면 능력이나 안목을 인정받기가 힘들어질 수 있다.

2) 아랫사람과 의사소통 하는 방법

(1) 업무보고 및 지시는 정확하고 구체적이되 간결하게 한다

상사가 업무를 지시할 때는 불명확한 점이 없도록 정확하고 구체적이되 간결하게 말해야 한다. 예를 들면 "회의 자료를 미리 제출하세요."라는 표현보다는 "회의 자료를 1월 5일까지 제출하세요."라는 표현이 더 구체적이다.

(2) 꾸짖을 때는 감정을 배제해야 한다

부하직원을 혼낼 때는 목소리를 높이거나 감정 섞인 꾸지람보다는 일 자체의 핵심 내용을 가지고 준엄하게 지적하고 상대방이 납득하도록 말해야 한다. 감정을 배제하기 위해서는 존재와 행동을 분리해서 표현해야 한다. 예를 들면 "왜 항상 이 모양이야? 똑같은 실수를 했잖아."라는 표현보다는 "이 선생님이 실수한 것은 ○○○문제인데 어떻게 생각하시나요?"라는 표현이 더 바람직하다.

(3) 일관성 있게 말해야 한다

상사가 자신의 건망증은 인정하지 않고 당초의 지시와 다른 내용을 마치 같은 내용인 것처럼 우기는 경우가 종종 있다. 상사는 체면을 앞세워 무턱대고 우기지 말고 자신의 실수를 빨리 인정하고 사태를 바로잡는 것이 바람직한 모습이다.

(4) 언어 사용을 잘해야 한다

직장에서는 사적인 감정표현을 하지 않아야 한다. 특히 사적인 표현을 할 때 비속어를 쓰지 않는다. 예를 들면 "도대체 당신은 뭐 하는 인간이야!" 등의 표현은 삼가는 것이 좋다.

(5) 약속은 지켜야 한다

직장에서 신뢰를 받고 싶다면 평소에 빈말을 하지 말아야 한다. 즉흥적으로 지키지 못할 약속이나 제안을 했다가 나중에 흐지부지되면 신뢰가 떨어진다. 어떤 약속이나 제안은 구체적으로 해야 한다. 예를 들면 "언제 내가 밥 한번 살게." 라는 표현보다는 "이번 주 목요일 점심 괜찮겠어?"라는 표현이 더 좋다.

(6) 아랫사람에게 농담을 함부로 하지 않는다

사람에 따라 상대의 말을 액면 그대로 받아들이는 사람이 있고 그 말의 속뜻을 새겨듣는 사람이 있다. 상대방이 농담을 했을 때 그 사람의 특성을 잘 모른다면 쉽게 그 농담의 속뜻을 알아차리기 어렵다. 따라서 농담은 서로 충분히 친해진 다음에 해야 오해의 소지가 없다. 상사가 부하직원이라고 해서 농담을 진하게 그리고 자주 한다면 그런 상사에게는 부하직원이 존경심을 가질 수가 없는 것이다.

(7) 부하직원에 대한 불만을 제삼자에게 말하지 않는다

부하직원에 대한 불만은 본인에게 직접 얘기해서 고치도록 한다. 제삼자에게 말을 해서 본인의 귀에 들어가게 하는 것은 어리석은 행동이다. 부하직원은 상사에 대해 거부감을 갖게 마련이다. 상사가 직원을 불러 인간적으로 대하면서 솔직한 심정을 말하면 대부분의 직원은 거부감 없이 받아들일 것이다.

(8) 상대의 유형을 파악하여 대화한다

어떤 직장이든 구성원들의 유형은 다양할 수밖에 없다. 상사는 구성원 각자의 특성을 잘 파악하여 적합한 일을 시키고 대화를 통하여 조직구성원이 불만을 갖지 않도록 해야 한다.

구성원의 유형을 알기 위해서는 형식을 중시하는 편인지 아닌지, 지배력이 강한 편인지 아닌지를 파악할 필요가 있다. 각 해당 유형별 특징은 다음과 같다.

〈표 6〉 구성원의 유형

<table>
<tr><td colspan="2">〈유형 파악 방법〉
• 형식을 중시하는 편인가 / 아닌가
• 지배력이 강한 편인가 / 아닌가</td></tr>
<tr><td colspan="2">〈유형 파악 결과〉
• 형식 중시 / 지배력 강함 → 지시형
• 형식 중시 / 지배력 약함 → 분석형
• 형식 중시하지 않음 / 지배력 강함 → 촉진형
• 형식 중시하지 않음 / 지배력 약함 → 도움형
* 지시형 ↔ 도움형 : 지시형과 도움형 간에는 서로 충돌이 많다.
* 촉진형 ↔ 분석형 : 촉진형과 분석형 간에는 서로 충돌이 많다.</td></tr>
<tr><td colspan="2">구성원의 유형 타입별 내용</td></tr>
<tr><td>① 지시형(Control Style)
• 결단 잘 내림
• 거침없이 얘기함
• 보스 기질 다분함
• 스스로 결정하기 좋아함
• 질문 잘함
• 핵심을 먼저 얘기하기를 좋아함</td><td>② 도움형(Supporter Style)
• 사람, 조직을 도와주는 것을 좋아함
• 언행이 상냥함
• 결단력이 없어서 우유부단함
• 상냥한 말과 행동을 좋아함</td></tr>
<tr><td>③ 촉진형(Promoter Style)
• 직장에서 분위기 메이커 역할을 함
• 직장 분위기를 적극적으로 조성함
• 사무적인 정확성을 요하는 일에는 별로 맞지 않음</td><td>④ 분석형(Analyst Style)
• 분석을 좋아함(총무, 경리과에 맞음)
• 기한 내에 정확하게 일을 끝맺음
• 어두운 인상을 주기 쉬움
• 자세한 업무 지시가 없으면 힘들어함
• 구체적인 지시가 필요함</td></tr>
</table>

3) 공적인 대화법

(1) 추상적인 표현은 피하고 구체적으로 이야기한다

직장에서의 대화는 추상적인 표현보다 구체적인 표현을 해야 한다. 표현을 명확하게 해야만 신뢰가 생기기 때문이다. 예를 들면 "열심히 해보겠습니다."라는 표현보다는 "3월 말까지 끝내겠습니다."라는 표현이 좋다.

(2) 상대방의 연령과 욕구에 맞추어 표현한다

상대방이 들을 때 기분 좋은 표현을 한다. 예를 들면 "나이 들어 보이십니다." 라는 표현보다는 "중후해 보이십니다."라는 표현이 좋다.

(3) 상황에 맞게 말해야 한다

직장에서는 상황과 분위기에 맞는 표현을 해야 한다. 주변 분위기가 가라앉아 있는데 농담을 하거나 튀는 얘기를 하면 경솔한 사람으로 낙인이 찍힌다. 즐거운 분위기인데 심각한 얘기를 하면 센스 없는 사람으로 이미지가 고착된다. 심각한 회의 도중에 농담조로 가벼운 표현을 하면 참석자들로 하여금 매우 나쁜 이미지를 갖게 한다.

(4) 말하는 방법을 생각해서 표현한다

말하는 방법은 의미 전달에 있어서 대단히 중요하다. 우회적으로 얘기할 것을 단도직입적으로 얘기하면 경솔하다는 부정적인 느낌을 주게 된다. 직설적으로 말해야 할 것을 우회적으로 말하면 숨기는 게 있다고 오해할 수도 있다. 분위기를 파악한 후 '큰소리'로 말해야 할지, '작은 소리'로 말해야 할지, 다소곳이 눈을 아래로 보면서 얘기해야 할지, 또박또박 천천히 얘기해야 할지, 공격적으로 얘기해야 할지 등을 판단해서 말해야 한다.

(5) 듣는 사람의 특성을 파악하고 이야기한다

듣는 사람의 연령, 성별, 직업, 본인과의 친밀도를 생각해서 말한다. 듣는 사람이 말하는 사람보다 나이가 많으면 점잖고 예의 바르게 말하고, 듣는 사람이 나이는 많지만 직급이 낮으면 말을 높이고 내용도 무게 있게 말한다.

(6) 말하는 목적을 알고 이야기한다

말할 때 분위기 파악을 잘해야 한다. 분위기를 재미있게 하기 위해서인지, 상대방 기분을 맞추기 위해서인지, 고객을 확보하기 위해서인지, 결과를 보고하기 위해서인지, 마음을 전하기 위해서인지, 이해를 시키기 위해서인지를 명확하게 파악해서 말을 해야만 상대방에게 좋은 이미지를 줄 수 있다. 말하기 전에 반드시 말하는 목적을 분명히 인식해야 한다.

(7) 잘못 길들여진 언어습관은 고쳐야 한다

자기기준으로 말하거나 캐묻기, 충고하기, 지적하기, 뽐내기, 혼자 떠들기, 말을 가로막고 끼어들기, 무시하기, 비꼬거나 빈정대기, 딴전 피우기, 불안정한 태도 보이기, 자기 이야기만 열심히 하기, 비어와 속어를 즐겨 쓰는 등의 언어습관은 고쳐야 한다.

문자나 카톡을 예의를 갖추어 작성해 보자.

수업에 지각하게 되었을 경우	• • • • •
과제에 대한 문의를 할 경우	• • • • •
출결에 대한 문의를 할 경우	• • • • •

Chapter 12

직장 예절

1. 용모와 복장예절

직장은 일하는 장소이고 집단생활을 하는 사회집단이며 생활의 장(場)이다. 직장이라고 하는 곳은 서로 다른 사람들이 만나 직장에서 요구하는 공동의 목적 달성을 위하여 함께 일하며 직장에 공헌하는 장소이다. 직장에서는 집단생활을 하며 서로 협력하고 큰 성공을 위해 경쟁을 하며 봉사하고 창조하는 곳이다.

미국 카네기재단에서 성공한 사람 일만 명을 대상으로 5년 동안 '성공의 비결'을 물었더니 응답자 85%가 "인간관계를 잘했기 때문"이라고 답했다. 또 미국 컬럼비아대학교 MBA 과정에서 우수기업 CEO를 대상으로 "당신이 성공하는 데 가장 큰 영향을 준 요인은 무엇인가?"라고 질문했더니 놀랍게도 능력, 기회, 운(運) 등이 아니고 '매너(manners)'를 꼽았다. 프랑스에서는 매너를 "삶을 멋있게 그리고 성공적으로 영위할 줄 아는 방법"이라고 정의한다. 의미가 있는 정의이다. 성공적인 직장생활을 위해서는 직장예절에 대해 많은 관심을 가질 필요가 있다.

직장에서 좋은 이미지를 만들고, 이를 유지하려면 용모와 복장에 많은 신경을 써야 한다. 옷은 일반적으로 시간, 장소, 상황에 맞게 입어야 한다. 직장에서 복장은 자신의 이미지뿐만 아니라 직장 전체의 이미지를 위해서도 매우 중요하다(강나경, 2012).

1) 남자사원의 용모와 복장

● 두발

- 두발은 비듬이 떨어지거나 냄새가 나지 않도록 관리해야 한다.
- 단정하고 세련된 느낌을 주어야 한다.
- 뒷머리는 드레스 셔츠 칼라에 닿지 않아야 한다.
- 향취가 강한 헤어제품은 사용하지 않는다.

● 얼굴

- 얼굴에 기름기가 끼어 번들거리지 않아야 한다.
- 매일 아침 면도를 해야 하고 코털이 밖으로 나오지 않도록 한다.
- 구레나룻은 귀밑으로 내려오지 않도록 하고 코밑수염(콧수염)은 기르지 않는다.
- 입술이 마르지 않도록 관리를 해야 한다.
- 눈곱은 수시로 떼야 한다.

● 복장과 구두

- 머리카락, 비듬이 재킷 위에 얹혀 있지 않도록 수시로 털어낸다.
- 주머니에 물건을 넣어 불룩해지지 않도록 한다. 지갑, 명함지갑, 손수건 이외의 것은 가방에 넣고 다닌다.
- 바지의 주름선이 2개가 되지 않도록 다리미질에 신경을 쓰고 바짓단이 구두 굽의 2분의 1 또는 3분의 2 정도 내려오는 것이 보기 좋다.
- 드레스 셔츠는 구김이 없어야 하고 컬러와 소매 끝 부분이 깨끗해야 한다.
- 드레스 셔츠 소매는 재킷 소매에서 1~1.5cm 정도 나오게 입는다.
- 넥타이는 얼룩이 없도록 세탁하고 넥타이 끝이 벨트의 버클 밑부분까지 내려오도록 맨다.
- 넥타이 색상은 드레스 셔츠 및 양복 상의와 조화를 이루어야 한다.
- 혁대의 색상은 구두 색상과 같아야 한다.
- 양말은 바지 색상과 같아야 한다.
- 구두는 검은색이나 갈색이 무난하고 항상 깨끗하게 관리를 잘해야 한다.
- 구두 굽은 어느 정도 닳으면 바꾼다.
- 구두 뒤축을 구겨 신지 않는다.

2) 여자사원의 용모와 복장

● 두발

- 본인의 직업과 얼굴형에 맞는 헤어스타일로 세련되면서도 단정한 느낌을 주어야 한다.
- 되도록 짙은 염색이나 부분염색을 하지 않는다.
- 냄새가 나지 않아야 한다.

● 얼굴

- 색조화장은 진하게 하지 않는다.
- 화장기 없는 얼굴은 게으른 인상을 줄 수가 있다.
- 입술관리를 잘해야 하고, 너무 진하거나 번들거리는 립스틱은 바르지 않는다.
- 눈썹 연장술로 속눈썹을 너무 길게 만들지 않도록 한다.
- 파운데이션 색상은 자기의 얼굴색과 비슷한 것으로 한다.

● 손톱

- 손톱 길이가 지나치게 길지 않도록 한다.
- 매니큐어 색상은 너무 진하거나 튀지 않아야 한다.

● 복장

- 자신의 업무 성격에 맞는 복장을 해야 한다.
- 같은 복장을 며칠씩 입지 않도록 한다.
- 지나치게 짧거나 긴 치마는 입지 않는다.
- 노출이 심한 상의는 입지 않는다.
- 몸에 너무 끼는 등 근무에 지장을 주는 옷은 입지 않는다.

● 액세서리

- 너무 화려하거나 눈에 띄는 귀걸이, 목걸이, 반지 등은 하지 않는다.
- 근무 중에는 팔찌, 발찌를 끼지 않는다.
- 팔찌형의 시계는 착용하지 않는다.

● 스타킹과 구두

- 색깔이 짙은 스타킹과 그물 스타킹은 신지 않는다.
- 스타킹에 줄이 나가지 않았는지 수시로 점검한다.
- 색깔이 튀는 색의 구두는 신지 않는다.
- 굽이 너무 높거나 부담스런 모양의 구두는 신지 않는다.
- 쇠징이 박힌 굽의 구두는 걸어 다닐 때 요란하므로 신지 않는다.
- 다른 부서로 볼일 보러 가거나 외근하러 나갈 때 슬리퍼형 구두나 샌들은 신지 말아야 한다. 앞뒤가 막힌 모양의 구두를 신는다.

● 향수

- 향수는 적당량을 뿌려야 한다.
- 식사자리에서 진한 향수 냄새는 음식의 맛을 떨어뜨린다.
- 향수는 한쪽 손목에 뿌린 다음 다른 손목을 엇갈려 위, 아래로 두세 번 톡톡 친다.
- 귀 뒤쪽이나 무릎 위에 살짝 뿌린다.
- 은은한 향을 원한다면 향수를 공중에 뿌린 다음 그 밑으로 지나가거나 발목에 약간만 뿌린다.
- 옷 입기 전에 허리 부분에 뿌린다.
- 남성은 넥타이 안쪽 아랫단에 뿌린다.

2. 직장 내에서의 예절

직장 내에서는 출·퇴근과 근무 시의 예절, 계단과 복도에서의 예절, 방문객이 왔을 때 안내하는 예절, 좌석 배치예절, 다과 접대예절, 물건 건네는 예절, 배웅 예절 등이 있다(강나경, 2012).

1) 출근과 퇴근할 때의 예절

● 출근할 때의 예절

- 상사보다 일찍 출근하여 근무 부서의 환경을 쾌적하게 만들고 정리정돈이 잘 되어 있는지를 살핀다.
- 하루일과를 점검하고 일의 순서를 계획한다.
- 상사가 출근하면 자리에서 일어나서 인사한다. ("안녕하십니까?")
- 사정상 결근이 불가피하거나 지각을 했을 경우에는 상사에게 사유를 먼저 보고한다.
- 다른 사무실이나 작업장에 들어서면 상사나 동료를 향해 "안녕하십니까?" 라고 먼저 인사한다.

● 퇴근할 때의 예절

- 그날 해야 할 일들을 다 마쳤는지 점검한다.
- 하던 일은 다음 날에 할 수 있도록 잘 정리해 둔다.
- 마감 시간까지 처리해야 하는 일은 야근을 해서라도 끝마친다.
- 퇴근 준비는 근무 시간이 끝난 다음에 한다.
- 책상을 항상 깨끗하게 정리정돈하고 사무용품, 서류 등은 지정된 장소에다 둔다.
- 가장 늦게 퇴근하는 사람은 전등, 컴퓨터 등의 전원이 꺼져 있는지 확인하

고 사무실의 보안점검을 잘해야 한다.

- 다른 사람보다 먼저 퇴근할 경우에는 "먼저 가겠습니다.", "먼저 가보겠습니다.", "먼저 실례하겠습니다."라고 인사를 분명하게 하고 퇴근하도록 한다.
- 상사보다 먼저 퇴근할 때에는 "이제 더 이상 용무는 없습니까. 없다면 먼저 퇴근해도 괜찮겠습니까?"라고 정중하게 물어본 후에 퇴근하도록 한다.

2) 근무할 때의 예절

● 근무할 때의 자세

- 책상 위에 엎드리거나 턱을 괴지 않는다.
- 다리를 떨거나 꼬고 앉지 않는다.
- 하품을 자주 하거나 기지개를 마음껏 켜지 않는다.
- 책상에 걸터앉지 않는다.
- 의자는 당겨서 앉고 자리에서 일어나서는 탁자 밑으로 의자를 밀어 넣는다.
- 거리가 떨어진 동료에게 말할 때는 옆으로 다가서서 낮은 소리로 말한다.
- 사무실에서 화장하거나 손톱을 깎지 않는다.
- 상사가 부르면 상사 쪽을 향해 "네"하고 대답한다.
- 개인적인 전화는 최대한 짧게 하고 잡담은 삼간다.
- 사무용품은 사용 후 제자리에 갖다 놓는다.
- 점심 시간은 지정된 시간을 엄수한다.
- 근무 시간에 업무와 관련 없는 책을 읽거나 개인적인 일은 하지 않는다.
- 업무는 미루지 말고 미리미리 하도록 한다.
- 전화통화나 옆 사람과의 대화는 낮은 소리로 한다.
- 자리를 비울 때는 옆 사람에게 행선지를 알린다.
- 출장과 외출은 사전에 상사의 허락을 받는다.

- 바로 옆에 있는 타 부서의 전화는 그쪽에 사정이 있으면 대신 받아준다.
- 외출 시에는 "다녀오겠습니다.", 외출 후에는 "다녀왔습니다."라고 인사한다.

● 근무 시 상사의 지시를 받는 요령

- 상사가 부르면 상사 쪽을 향해 "네"하고 대답한다.
- 상사가 오라고 하면 메모 준비를 해서 간다.
- 메모할 경우에는 지시 명령의 6하 원칙(5W 1H)을 머리에 두고 한다. 6하 원칙은 왜(Why), 무엇을(What), 누가(Who), 언제(When), 어디서(Where), 어떻게(How) 이다.
- 상사에게 즉시 못 갈 경우에는 사정 얘기를 한 후에 "죄송합니다, 곧 가겠습니다."라고 양해를 구한다.

● 보고하는 요령

- 일이 끝나면 즉시 보고한다.
- 우선순위를 가려서 보고한다.
- 중간보고가 필요할 경우에는 적절한 시기에 한다.
- 업무가 끝나는 대로 신속하게 보고한다.
- 지시한 사람에게 보고한다.
- 상대방이 이해하기 쉽도록 보고한다.
- 보고할 때 되도록 표준어를 쓰고 전문용어는 가능하면 쓰지 않는다.
- 보고는 체계적으로 조리 있게 한다.

● 결재받을 때의 요령

- 결재를 받을 때는 상사의 방 입구에서 목례를 한 다음, 상사의 책상 정면으로 가서 보통 인사(30도 인사)를 한 후에 책상으로 다가가서 상사가 읽기 쉬

운 방향으로 결재서류를 펼쳐보인다.

- 상사가 자기의 옆으로 와서 설명하라는 지시가 있기 전까지는 상사의 옆에 서지 않고 정면에 서 있는 것이 바른 자세이다.
- 결재를 받을 때는 해당 내용에 대해 완전히 숙지하고 있어야 한다.

● 업무 요령

- 업무에 관련된 정보를 끊임없이 습득한다.
- 주어진 업무에 대한 실수가 두 번 이상 반복되어서는 안 된다.
- 대인관계에서 신뢰를 쌓아 필요할 때 동료들의 도움을 받을 수 있도록 한다.
- 직장 기밀 유지에 신경 쓰고 주의한다.
- 직장 내에서는 공·사를 엄격하게 구분하여 일을 해야 한다.

● 거래처 방문 요령

- 상대방에게 미리 방문 연락을 한다.
- 방문하는 당일에 다시 확인 전화를 한다.
- 방문 목적과 용건을 확실하게 정리하고 방문한다.
- 약속 시간보다 일찍 도착했을 경우에는 상대방의 사정을 알아본다.
- 상대 쪽에서 권하는 자리에 앉는다.
- 만나는 사람이 초면일 때는 인사하고 명함을 교환한 다음 용건을 얘기한다.
- 방문 시간은 최대한 단축시킨다.

3) 계단과 복도 예절

- 상급자가 중앙에 서도록 한다. 옆으로 나란히 걸을 경우나 안내를 할 경우에는 상급자가 오른쪽에, 수행할 경우에는 상급자를 앞서도록 한다.

- 계단을 올라갈 때는 남성이 여성보다 앞서 올라가고 내려갈 때는 여성이 먼저 내려가는 것이 기본 예의이다. 계단의 경사가 심하거나 미끄러울 경우에는 예외적으로 행동해도 좋다.
- 계단에서 상급자를 만난 경우에는 먼저 목례를 한 후, 상급자가 위치한 계단으로 최대한 빨리 올라가거나 내려가서 인사한다.
- 복도에서 상급자가 멀리서 보이면 최대한 빨리 뛰어가서 상급자에게 인사한다.
- 여성이 계단을 이용할 때에는 몸을 약간 비켜 오른쪽으로 틀고 안쪽 무릎을 스치며 올라가고 내려가면 품위도 있고 더 안전하다.

4) 안내예절

방문객을 안내하고 맞이하는 것은 직장생활에서 중요한 업무 중의 하나이다. 밝은 표정과 행동으로 친절하고 정중하게 대해야 좋은 인상을 줄 수 있다. 방문객의 지위가 높고 낮음을 불문하고 성의를 다해야 한다.

- 방문객을 안내할 때는 대각선 방향으로 두세 걸음 앞서 걸으면서 잠깐씩 뒤를 돌아보며 보조를 맞춘다.
- 복도를 걷다가 방향이 바뀌거나 계단에 이르렀을 때는 걸음을 멈추고 방문객과 시선을 맞추면서 갈 방향을 손으로 가리키면서 다시 걷는다.
- 엘리베이터를 이용할 때 안내원이 없으면 안내자가 먼저 타서 엘리베이터를 안전하게 조작하면서 방문객을 나중에 타게 하고 먼저 내리게 한다.
- 엘리베이터를 이용할 때 안내원이 있으면 방문객을 먼저 태우고 먼저 내리게 한다.
- 엘리베이터 안에서 상석은 일반적으로 조작버튼과 거리가 먼 안쪽이다.
- 말로 안내를 해 주어도 방문객이 찾기가 힘든 곳이라면 손님을 직접 안내하

는 것이 좋다.

- 문을 열고 안내할 때 당겨서 여는 문에서는 "잠시만 기다려 주십시오."라고 말하여 방문객을 잠시 멈추게 한 다음, 문을 두 손으로 공손하게 열고 문 옆에 서서 방문객에게 "안으로 들어가십시오."라며 두 손으로 문 안쪽 방향을 가리킨다.
- 문을 열고 안내할 때 밀어서 여는 문에서는 "잠시만 실례하겠습니다."라고 말하여 방문객을 잠시 멈추게 한 다음, 안내자가 문을 밀고 먼저 들어가서 문을 활짝 열어 놓은 뒤에 문 옆에 선 다음, 방문객에게 "안으로 들어오십시오."라며 두 손으로 문 안쪽 방향을 가리킨다.
- 방향을 가리킬 때는 한 손과 양손을 사용할 수 있다. 한 손을 사용할 경우에는 한 손의 손가락은 붙이고 방향지시는 45도로 비스듬히 하며 다른 한 손의 손바닥을 가리킨 손의 팔꿈치에 갖다댄다. 양손을 사용할 경우에는 손바닥이 위를 향하게 하여 팔 길이가 다르게 엇비슷하도록 붙인다.
- 방향을 가리킬 때 안내자는 먼저 상대방 눈을 본 뒤, 손으로 안내방향을 가리키면서 안내방향을 바라본 후, 다시 상대방의 눈을 본다.
- 안내할 때 "이쪽으로 오세요.", "저를 따라오세요."라고 하는 것보다는 "제가 안내해 드리겠습니다."라고 하는 편이 더 품위가 있다.
- 방문객이 질문할 경우에 안내자는 먼저 방문자의 질문 내용을 반복하여 확인한 다음 안내한다.

5) 좌석 배치예절

좌석 배치는 손님 중 가장 중요한 분(주빈)을 생각한 후에 좌석 배치를 해야 한다. 실내에서는 전망이 좋거나 그림이 보이거나, 무대가 잘 보이는 자리 또는 출입구에서 먼 안쪽 자리가 상석이며, 사무실에서는 입구에서 먼 쪽, 창이 보이는 곳이 상석이다. 착석할 때는 여성이 먼저 앉고 난 후에 남성이 앉도록 하고,

남성과 여성은 섞어서 앉는다. 부부가 초대받아 좌석에 앉을 때는 보통 테이블을 사이에 두고 마주 앉고, 주빈의 친척, 친구, 가족은 말석에 앉아야 한다. 의자의 종류가 다양할 때는 앉았을 때 편안한 순으로 앉는다. 동양에서는 주빈의 왼쪽이 상석이고, 서양에서는 주빈의 오른쪽이 상석이다.

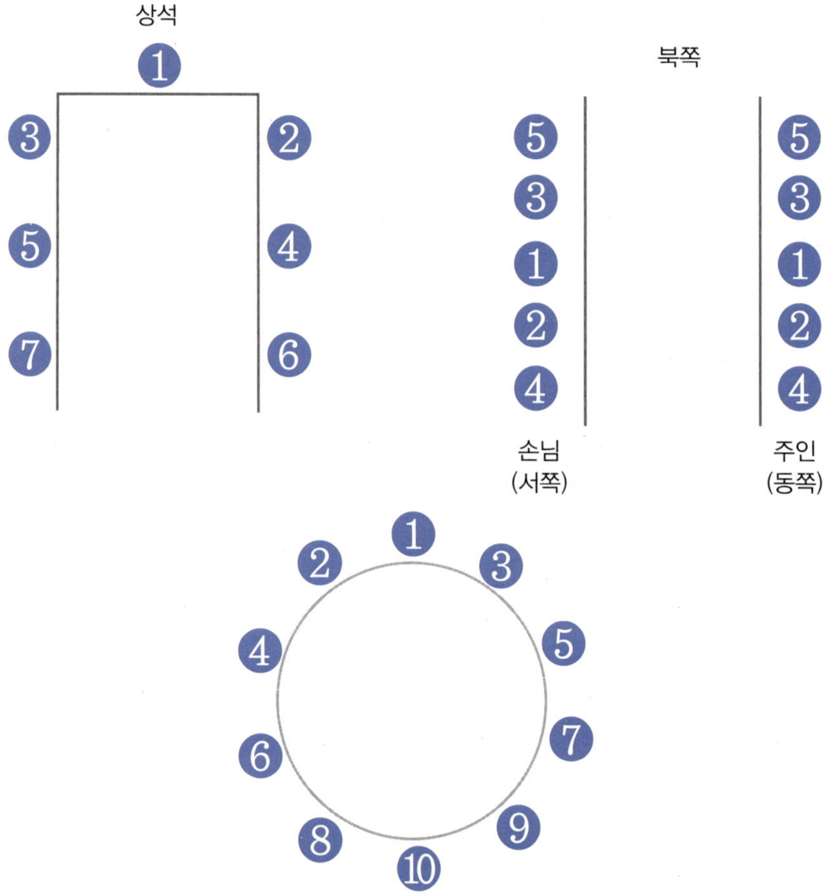

〈그림 2〉 좌석 배치별 상석의 위치

6) 다과(茶菓) 접대예절

사무실에서 방문객에게 차를 대접하는 것은 일반적인 관례이다. 차를 대접할 때 자리에 앉아 있는 사람들에게 준비된 차의 종류를 먼저 알려준 뒤 각자가 선택한 차를 대접한다. 회의나 면담이 본론으로 진행되기 전에 차를 빨리 준비하여 방문을 가볍게 노크한 뒤 2~3초 후에 안으로 들어간다. 들어갈 때는 "실례합니다."라고 말하면서 탁자에 쟁반을 안전하게 올려놓은 후, 두 손으로 찻잔을 공손하게 놓는다. 보조탁자가 있으면 쟁반은 보조탁자 위에 놓는다. 쟁반을 탁자 위에 놓는 것이 적절치 않은 상황이라면 왼손으로 쟁반을 들고 오른손으로 찻잔을 놓는다.

방문객이 두 명 이상일 경우에 가장 상석의 방문객부터 순서대로 차를 대접하고 나서 본사의 윗분부터 직급 순서대로 차를 대접한다. 다과를 대접할 때는 과자류를 먼저 중앙에 놓은 다음 찻잔을 각자 앞에 놓는다. 과일, 과자, 차를 각 개인에게 접대할 경우에는 과일, 과자는 개인의 왼쪽에, 차는 오른쪽에 놓는다. 차를 대접할 때 앉아 있는 사람의 오른쪽에서 두 손으로 공손히 찻잔을 놓는다.

차를 준비할 때 찻잔을 뜨거운 물로 따뜻하게 데우면, 찻잔은 적당한 온도를 유지할 수 있어서 차의 맛이 더욱 좋아진다. 커피의 경우 커피잔을 놓을 때는 손잡이를 오른쪽으로 가도록 놓는다. 또 테이블 위에 서류가 있을 때는 미리 허락을 받고 치운 후에 찻잔을 놓는다. 장시간 미팅이 이루어지면 상황을 살핀 후에 차를 다시 대접해도 좋다. 찻잔을 모두 놓은 다음, 오른손으로 쟁반의 밑바닥이 몸쪽으로 오게 잡고, 왼쪽 겨드랑이에 끼는 것처럼 세운 뒤 조용히 두세 걸음 뒷걸음질한다거나 또는 옆으로 두세 걸음 하다가 돌아서 나오며 입구에서 목례를 하고 나오면 가장 정중한 예절이 될 것이다.

7) 물건 건네는 예절

우리나라는 양손문화이기 때문에 물건을 건네는 사람은 받는 사람이 편하도록 두 손으로 준다. 이때 시선은 '상대방의 눈→건네는 물건→다시 상대방 눈'의 3전법으로 건넨다. 물건의 종류에 따라 상대방이 보기 쉽게, 받기 쉽게, 사용하기 쉽게, 위험하지 않게 받을 수 있도록 건넨다. 위험한 물건을 가로나 세로의 방향이 아니라 사선방향으로 전달한다. 손잡이가 있는 물건은 손잡이를 잡고 건넨다. 음식을 담은 그릇의 안쪽이나 컵, 잔 등의 입이 닿는 부분에 손이 닿지 않도록 전한다. 물건을 바닥에 놓거나 들 때는 앉아서 놓고 앉아서 든다. 앉아 있는 사람에게는 앉아서, 서 있는 사람에게는 선 상태에서 건넨다. 공공장소에서 통장이나 잔돈 등을 담는 플라스틱 용기를 건넬 때는 카운터 위에서 밀어서 넘겨주지 말고 물건을 들어서 전한다.

8) 배웅예절

방문객이 볼일을 다 마치고 일어설 때 물건을 놓고 일어서지는 않는지 살핀다. 방문객을 만난 자리에서 배웅할 것인지, 방문 앞까지 배웅할 것인지, 엘리베이터 앞까지 배웅할 것인지를 잘 판단해서 정성껏 배웅한다. 어디까지 배웅하든지 방문객이 안 보일 때까지 그 자리에 잠시 머무른다. 대접을 해야 할 대상이라면 엘리베이터 앞까지 가서 배웅하는 것이 예의이다. 연세가 많은 방문객은 아래 직원에게 주차장, 택시 정류장 등까지 안내하도록 한다. 필요한 경우 주차장에 연락하여 방문객의 승용차를 대기하도록 조치를 한다.

3. 직장에서의 호칭예절

호칭은 상대의 유형에 따라 다르고 같은 사람이라도 누구에게 그 사람을 말하느냐에 따라 달라진다. 또 사무실 명칭은 '사장님실'이 아니라 '사장실'로 존칭을 쓰지 않으며, 문서상에는 상사라도 '부장님 지시'가 아니라 '부장 지시'로 사용하여 존칭을 생략한다. 그러나 당사자가 있는 자리에서 지시 사항을 전달할 때에는 '사장님 지시 사항을 말씀드리겠습니다.'라는 표현으로 '님'을 붙인다.

1) 상급자에 대한 호칭

- 직속 상급자의 경우 '유 부장님', '김 과장님', '이 선생님' 등과 같이 성과 직위 다음에 '님'을 붙여 부른다.
- 직속 상급자를 자신이 직접 부를 때는 성을 빼고 '이사님', '부장님', '원장님'이라고 부른다.
- 다른 부서의 상급자는 부서명과 직급에 '님'을 함께 붙여 '총무부장님' 등으로 부른다.

2) 하급자에 대한 호칭

- 하급자에게는 성과 직위를 붙여 '김 과장', '이 선생' 등으로 부른다.
- 직책과 직급명이 없는 하급자에게는 성과 이름에 '님', '씨', '선생', '여사' 등을 붙여 부른다.
- 하급자라도 자기보다 연상일 때는 높여서 '이 과장님', '박 선생님' 이라고 부른다.
- 나이가 10년 이상 아래이며 미혼인 남녀 하급자에게는 'ㅇ군', 'ㅇㅇㅇ군', 'ㅇ양', 'ㅇㅇㅇ양'이라고 성만 부르거나 성과 이름을 붙여서 부른다.

우리나라는 호칭이 다양하여 틀리기 쉬운 호칭과 표현이 있다. 업무상 찾아온 사람에게는 '손님'이라는 순수한 우리말이 좋음에도 불구하고 '고객님'이란 호칭을 많이 쓰는 데 '고객'이란 영업장에 찾아온 손님을 뜻하는 말이므로 고객님이란 표현보다 손님이라는 호칭이 더 적합하다. 직장에서 상급자의 자녀를 지칭할 때는 '아드님', '따님', '자녀분'이라고 표현하는 것이 좋으며, 다른 사람의 아들, 딸을 남에게 말할 때는 '자녀'(子女), '아들', '딸'이라고 칭해야 한다. 예를 들면 "이 과장님의 자녀는 몇 명이야?" 등의 표현이 알맞다.

4. 직장 전화예절

직장에서 업무를 위한 인간관계의 60% 이상이 전화 대화이다. 서로의 얼굴을 보고 이야기할 때와는 달리 상대편의 표정, 동작, 태도를 살필 수 없으므로 전화는 대면 응대보다 더 중요하다. 전화는 얼굴을 보지 않고 대화를 나누기 때문에 의사소통에 많은 문제가 생길 수 있다. 현대사회에서 전화는 없어서는 안 될 중요한 정보통신기기이다. 전화예절을 지키지 않으면 상대방을 불쾌하게 만들어 오해를 낳게 될 수도 있어 직장에 손해나 신용에도 영향을 미치게 된다.

따라서 직장인은 직장 전화예절의 중요성을 인식하고 올바른 응대를 할 수 있어야 한다. 직장 전화 응대 4요소는 신속, 친절, 정확, 간결이라 할 수 있다(강나경, 2012).

1) 전화받는 법

- 직장 전화는 벨이 울리면 즉시 받는 게 좋지만 늦어도 세 번 이상 울리기 전에는 받도록 한다.
- 첫 응대는 '인사말, 회사명(부서명), 본인 이름' 순으로 말한다. 예를 들면

"감사합니다. 국민은행 김숙영입니다."라고 응대하는 것이 좋다.

- 불가피하게 전화벨이 네 번 이상 울린 후에 전화를 받았을 경우에는 "전화 늦게 받아서 죄송합니다. 무엇을 도와 드릴까요?"라고 응대하는 것이 좋다.
- 수화기를 왼손으로 들고 오른손은 메모할 준비를 해야 한다.
- 중요한 내용은 반복해서 확인한다.
- 고객 쪽에서 전화를 끊은 후 수화기를 놓도록 한다.
- 사적인 전화는 최대한 작은 목소리로 짧게 통화한다.
- 상대방의 신분을 확인하고 싶을 때는 조심스럽게 "실례지만 누구신지 여쭤 봐도 되겠습니까.", "누구시라고 전할까요."가 무난하다.
- 다른 부서를 찾는 잘못된 전화에 대해서는 "전화가 잘못 걸렸습니다. 찾으신 부서로 연결해 드리겠습니다. 혹시 끊어지면 ○○○-○○○○'으로 전화를 다시 하시기 바랍니다."라고 하는 것이 표준 응대법이다.
- 상대방이 찾는 직원이 부재중일 때 : "김 과장님은 지금 외출 중이십니다. 약 1시간 후쯤 통화가 가능하실 겁니다. 용건을 말씀해 주시면 전해 드리겠습니다."
- 전화가 잘못 걸려 왔을 경우 : "아, 전화가 잘못 걸렸습니다. 여기는○○○입니다."
- 통화자를 바꿀 경우 : "네, 잠깐만 기다려 주십시오.", "네, 잠시 기다리시면 연결해 드리겠습니다."
- 상황이 복잡해 통화가 힘들 경우 : "죄송합니다. 급한 일 때문에 통화가 어렵습니다. 전화번호를 말씀해 주시면 곧 다시 전화 드리겠습니다.", "죄송합니다. 급한 일 때문에 통화가 어렵습니다. 잠시 끊고 계시면 '○○○－○○○○'으로 곧 다시 전화 드리겠습니다."
- 통화자가 다른 전화를 받느라 시간이 지체될 경우 : "김 과장님이 지금 통화가 길어지고 있습니다. 조금만 더 기다리셔야 될 것 같은 데 괜찮으시겠습니까?", "김 과장님이 지금 통화가 길어지고 있습니다. 과장님 쪽에서 다시

전화 드리면 어떻겠습니까?"

- 전언(傳言)을 받을 때는 자기의 이름을 알려 두도록 한다.
- 전언(傳言)의 양식은 다음과 같다.
  - 전화 왔었습니다.
  - ○○월 ○○일 ○○시에
  - ○○○ 님으로부터
  - 전하는 말씀은 '○○○-○○○○-○○○○로 전화 요청'
- 끝 인사 : "감사합니다. 안녕히 계십시오.", "감사합니다. 좋은 하루 보내십시오."가 바른 표현이며, "좋은 하루 되세요."라는 말은 어법상 틀린 표현이다.

2) 전화 거는 법

(1) 전화 걸기 전 준비

- 용건의 제목, 내용을 6하 원칙(5W 1H)에 따라 정리하여 메모하고 말할 순서를 미리 생각해 둔다.
- 필요한 서류나 자료를 챙겨 가까이 놓는다.
- 전화번호를 확인하고 버튼을 누른다.

(2) 상대가 나왔을 때

- 먼저 자기의 소속과 이름을 대고 상대방을 확인한다.
- 인사는 간단히 하고 바로 용건으로 들어가야 한다.
- 용건은 간결하고 요령 있게 얘기한다.

(3) 용건이 끝났을 때

- 통화 내용 중 중요한 부분은 반복해서 확인한다.
- 원칙적으로 건 쪽이 먼저 끊는다. 상대방이 윗분이거나 고객이라면 상대방이 끊은 다음에 끊는다.

(4) 전화를 잘못 걸었거나 도중에 끊어졌을 때

- 전화를 잘못 걸었을 때는 "전화를 잘못 걸었습니다. 죄송합니다."라고 정중하게 말하고 끊는다.
- 전화가 도중에 끊어졌을 때는 원칙적으로 건 쪽에서 다시 걸고, 전화를 다시 걸어 "죄송합니다. 전화가 끊어졌습니다."라고 사과를 한 후에 통화를 계속한다.

(5) 상대방이 부재중일 때

- 나중에 다시 걸 것에 대비하여 상대방이 통화가 가능한 시간을 알아둔다.
- 통화자에게 메시지를 남길 때는 용건을 분명하게 말하고 상대방의 이름도 알아둔다.

3) 전화통화 시 주의 사항

- 보이지 않는다고 해서 품위 없는 자세로 전화를 받거나 걸어서는 안 된다.
- 직장의 이미지를 생각해서 항상 듣기 편한 음성으로 정성을 다해 정중한 억양과 또렷한 발음으로 예의 바르게 통화한다.
- 통화 중에는 20~30%는 '~요', '~죠' 체로, 70~80%는 '~다', '~까'체의 격식체로 말한다.
- 일반인이 알기 어려운 전문용어는 최대한 피해서 말한다.
- 첫 응대는 '파'톤의 생기 있는 목소리로 응대한다.
- 통화자를 연결할 때는 최대한 빨리해야 한다.
- 통화자를 즉시 연결하지 못할 때는 사정 얘기를 해야 한다.
- 전화가 잘못 걸려왔을 때에 투박한 목소리로 '아니에요.'하고 수화기를 덜컥 내려놓지 않도록 한다. ("아, 전화가 잘못 걸렸습니다. 여기는 ㅇㅇ중학교입니다.")
- 전언(傳言)의 대상자에게는 신속하게 메시지를 전달한다.
- 상대방을 기다리게 할 때는 홀드 버튼을 사용하는 것이 좋다.

전화 응대에서 가능하면 표현하지 않아야 하는 말은 "기다리세요.", "모릅니다.", "할 수 없습니다.", "뭐라고요." 등의 표현은 삼가야 한다.

Chapter 13

이미지 메이킹

1. 이미지 메이킹(Image Making)에 대한 이해

이미지(Image)는 라틴어 '이마고(Imago-Omitari : 흉내 내다)가 그 어원이며 사전적인 의미로는 형태, 모양, 느낌, 영상, 관념 등을 의미한다. 이미지란 상(象), 표상(表象), 심상(心狀) 등의 뜻을 지니고 있다. 이미지는 사람의 지각에 의해 형성되는 것이다. 이미지는 마음속에 그려지는 사물의 감각적 영상, 심상이며 타인의 거울에 비친 모습이다. 사람이 자극을 받아들여서 뇌 속의 이미지들과 결합과정을 거쳐 새로운 의미를 갖게 되는 과정을 지각화 과정이라고 한다. 이때 형성된 의미를 이미지라고 할 수 있다.

어떤 사람을 떠올리면 이름과 함께 마음속에 떠올려지는 얼굴, 표정, 음성, 말투, 걸음걸이, 옷차림, 기억, 호감 등과 접했을 때나 함께 있었을 때의 느낌, 성격, 분위기, 신뢰감 등 수많은 생각들이 얽히면서 하나의 형체가 만들어진다. 기업도 마찬가지다. 어떤 기업에 대해 떠올리면 그 기업이 가지고 있는 느낌, 색깔, 정신 등이 느껴지고, 그 기업의 물건과 기업에 대한 신뢰감 등이 느껴진다. 사람과 기업 등에 대해 자신의 가치관과 성향에 따라 느껴지는 의미와 생각, 감정 등이 있다. 이것이 바로 이미지라고 할 수 있다.

현대는 이미지의 시대라고 할 만큼 우리는 이미지 홍수 속에서 살아가고 있다. 개인이 가진 이미지는 사회생활을 해나가는 과정에서 매우 중요한 것으로 자신의 좋은 이미지를 전달하여 남에게 인정을 받아야 성공하는 시대이다. 우리의 이미지는 첫인상에서 결정되고 순간에 이루어진 이미지는 콘크리트처럼 딱딱하게 굳는다. 굳어진 이미지는 바꾸기가 매우 어렵고 설사 그것이 가능하다고 해도 많은 시간을 필요로 한다. 첫인상을 좋게 하기 위해서는 자신의 이미지 메이킹을 잘해야 한다.

이미지 메이킹은 첫째, 자신을 살피고 관리하는 것에서 시작하여 타인을 배려하는 것으로 이어지는 사회적 행위이다. 둘째, 자신을 좀 더 멋있게 표현하고자 하는 것에서 시작하여 구체적으로 자신을 디자인해 나가는 과정으로 자신의 최상의 모습을 끌어내는 일이다. 셋째, 자신의 단점을 보완해서 더 좋은 쪽의 이미지를 만드는 것이다. 넷째, 자신이 추구하는 상(象)을 정해 놓고 그 상(象)을 만들어가는 변화과정이다.

타인과의 차별화, 자신의 특성화 전략은 경쟁시대에서 성패를 좌우하는 요소이다. 이미지에는 '자신이 보는 나'와 '타인이 보는 나'가 있다. 즉, 주관적인 이미지와 객관적인 이미지가 있는 것이다. 이 차이가 없을수록 성공적인 이미지 메이킹이다. 이미지 메이킹은 사람뿐만이 아니라 기업, 상품 등에 대해서도 모두 가능하다(강나경, 2012).

따라서 이미지는 어느 대상의 외적인 모습, 상징, 표상이라고 할 수 있다. 사람의 이미지 형성에서 가장 중요한 것이 첫인상이다. 일반적으로 첫인상은 상대방에게 형성되면 대인관계에 지속적으로 영향을 준다. 그로 인하여 상대방은 자신의 실제 모습과 상관없이 첫인상만으로 반영구적인 편견이 생길 수도 있다.

사람을 만나서 형성되는 첫인상은 부정성 효과, 초두성 효과, 인지적 구두쇠 효과 등에 의하여 판단되기도 한다.

1) 부정성 효과

사람들은 대인관계에서 사람을 만나 상대방의 인상을 평가할 때 '인물 긍정성 편향'에 의해 대체적으로 긍정적인 평가를 하게 된다. 그러나 부정적인 정보가 나타나면 긍정적인 정보보다 부정적인 것에 더 비중을 두고 인상을 평가한다. 즉, 모든 것이 동일하다면 부정적인 특성들이 긍정적인 특성들보다 인상 형성에 더 많은 영향을 끼친다.

2) 초두성 효과

사람에게는 첫인상이라는 이미지가 있다. 첫인상만 보고 상대방을 오해하는 오류는 범하지 말아야 하지만 모든 부문에서 첫인상은 중요한 요소이다. 초두성 효과란 대부분의 경우 먼저 제시된 정보가 나중에 들어온 정보보다 전반적인 인상 형성에 더 강력한 영향을 미치는 것을 말한다. 그래서 '첫인상'이 중요한 것이다.

3) 인지적 구두쇠 효과

일반적으로 자기 주변의 사물을 인식할 때 가능하면 많은 노력을 들이지 않으려는 속성이 있다는 것이다. 첫 만남에 승부를 걸어야 하는 것은 상대방이 우리에게 여러 번의 기회를 주지 않으려 하기 때문이다(강나경, 2012).

2. 이미지 메이킹의 요소

이미지 메이킹은 내적 이미지와 외적 이미지 두 요소로 나누어진다(강나경, 2012).

1) 내적 이미지(Internal Image)

내적 이미지는 개인의 내면에 형성되어 있는 의식과 정서를 포함한 본질적 이미지를 뜻한다. 아름다운 내적 이미지를 형성하고 싶다면 자기 삶의 목표를 고매한 인격을 갖추는 데 두는 것이 가장 효과적인 방법일 것이다. 대인관계에 있어서도 '저 사람은 나와 많이 다르구나.', '그래, 그 사람 입장에서는 그럴 수도 있겠지.'라며 너그러운 마음으로 대하다 보면 타인에 대한 이해의 폭이 크게 넓어질 것이 틀림없다.

어떤 상황을 접하든 일단 몇 초의 여유를 가지고 상대방의 입장과 감정을 헤아리는 상대적인 사고를 하면서 상대방을 존중하고 인정하는 마음을 견지하려고 노력한다면 자연스레 아름다운 내적 이미지가 형성될 것이다.

2) 외적 이미지(External Image)

외적 이미지는 내면의 본질이 종합적으로 외부로 표출되어 나타나는 현상적인 이미지를 뜻한다. 외적 이미지는 자신의 연령, 직업, 직급, 취향 등에 따라 달리 표현되어야 한다. 매력적인 외적 이미지를 갖기 위해서는 먼저 자신의 체형, 신장, 피부색, 얼굴형 등을 정확하게 파악한 후에 외적 이미지 메이킹에 관한 많은 정보와 지식을 수집해서 끊임없이 자신을 계발하고 가꾸어 나간다면 근사한 외적 이미지를 갖게 될 것이다.

3) 호감형 이미지 메이킹

호감형 면접자가 되기 위해서는 면접관이 무엇을 중점적으로 보고 판단하는지 이해할 필요가 있다. 대부분의 면접관은 면접 시 전반적인 인상과 성격, 말투, 걸음걸이, 앉은 자세, 버릇, 퇴장하는 모습을 보고 판단한다(임경희 외, 2015).

구 분	구체적인 내용
인상과 성격	• 눈, 입, 턱 순으로 얼굴을 살펴본 후 얼굴 전체에서 받는 느낌을 종합하여 판단한다. • 눈은 뚜렷하나 입에 인정미가 없어 보이는 사람은 명랑하지만 사생활에 짜임새가 없어 보인다고 판단한다. • 눈, 입, 턱의 균형이 잡혀 있는 사람은 원만한 성격을 가진 것으로 판단한다.
말투	• 말을 또박또박하면서 음성이 둥글고 부드러운 사람은 침착하고 안정적으로 보인다고 판단한다. • 음성이 깨지거나 탁하면 기력이 약하다고 판단한다. • 말을 빠르게 하면 성급하고 생각의 폭이 좁다고 판단한다. • 말의 흐름이 일정하면 정직하다고 판단한다. • 목소리가 작고 명확하지 않으면 추진력이 없다고 판단한다. • 말투가 충동적이면 반항적이며 자기 멋대로 하는 성향이 강하다고 판단한다. • 말을 더듬으면 초조해하는 성격이고, 작은 일에도 쉽게 흔들린다고 판단한다.
걸음걸이	• 어수선하게 걸으면 안정감과 자신감이 없다고 판단한다. • 뒤꿈치가 땅에 닿지 않으면 침착성이 부족하고 발전성이 없다고 판단한다.
앉은 자세	• 바른 자세로 점잖게 앉아 있으면 마음이 넓고 안정적이라고 판단한다. • 앉은 자세가 묵직하면 마음이 소박하다고 판단한다. • 뒤에 기대지 않고 앉으면 적극적인 성격의 소유자라고 판단한다. • 앞으로 구부리고 웅크려서 앉으면 확고한 신념이 없다고 판단한다. • 앉아서 지속적으로 손을 흔들면 신경질적이고 불안정하다고 판단한다. • 다리를 꼬고 앉아서 발을 움직이면 참을성이 부족하다고 판단한다.
버릇	• 면접관을 대할 때 시선을 회피하면 자신감과 신뢰성이 부족하다고 판단한다. • 눈을 자주 깜박거리면 성미가 급하다고 판단한다. • 눈을 감고 말하면 진실을 말하지 않는다고 판단한다. • 손으로 여러 가지 제스처를 사용하면 적극적으로 보일 수도 있으나 때에 따라 면접관을 가르치는 듯한 느낌을 준다.
퇴장하는 모습	• 일찍 나가려고 서두르면 조급하고 소심하다고 판단한다. • 퇴장하면서 의자나 문을 걷어차거나 부딪히면 불안정하다고 판단한다.

3. 이미지 형성의 요소

사람을 접하게 되면 짧은 순간, 보통 20초 이내에 상대방에 대한 첫인상의 이미지가 형성된다. 이미지 형성과정의 첫 번째 요소는 시각적인 것으로 80%를 차지한다. 두 번째 요소는 청각적인 것으로 13%를 차지한다. 세 번째 요소는 내면적인 것으로 7% 정도 영향을 미친다. 상대방의 외모, 즉 시각적으로 나타나 보이는 측면이 과거에는 55% 정도로 평가되었으나 최근에는 80% 정도를 차지할 정도로 사람의 외모가 이미지 형성 차지하는 비중이 커졌다. 청각적인 측면은 과거에는 38%였는데, 최근 13%로 이미지 형성에서 차지하는 비중이 줄었고, 내면적인 측면은 과거와 현재 모두 이미지 형성에서 차지하는 비중이 7% 수준을 유지하고 있다.

사람의 내면적인 측면은 과거나 지금이나 상대방의 이미지를 결정하는 데 차지하는 비중이 작다. 그 이유는 사람의 됨됨이, 즉 인품은 시간을 두고 만나고 겪어 보아야 알 수 있기 때문이다. 따라서 첫인상의 이미지 형성에 80%를 차지하는 시각적인 측면 때문에 본인의 의지와 상관없이 타인을 위해서라도 외모에 신경을 쓸 수밖에 없다.

이처럼 시각적 요소에 해당하는 외모에는 얼굴(피부, 눈썹, 입술 모양, 메이크업, 표정, 치아 상태 등), 복장, 헤어스타일, 체형, 자세와 태도(몸짓, 행동, 걸음걸이, 시선 처리, 매너) 등이다. 사람과 마주하면서 상대방을 전체적으로 보았을 때에는 자세, 헤어스타일, 복장 순(順)으로 이미지 형성에 영향을 미친다. 그러나 얼굴만을 보았을 경우에는 피부, 눈썹, 입술 모양, 눈빛, 턱의 각도, 시선 처리의 순(順)으로 이미지 형성에 영향을 미친다.

첫인상 형성 시 전체적으로 보았을 때 가장 중요한 3대 요소의 순위(順位)는 자세, 헤어스타일, 복장 순(順)이라고 할 수 있다. 여기서 차지하는 중요성에 주목할 필요가 있다. 좋은 자세란 허리의 각도, 목의 각도가 각각 최적 상태를 유지하면서 서 있거나 걸어가거나 앉아 있는 모양이다(강나경, 2012; 오성환 외, 2005).

1) 자세

서 있을 때의 바른 자세

- 남성은 뒤꿈치를 붙이고 앞발은 30도 정도 벌리고, 여성은 발을 'H'자 모양으로 하여 선다.
- 허리와 가슴을 펴서 일직선이 되게 아랫배에는 힘을 주고 가슴은 펴고 어깨는 뒤로 젖힌다.
- 턱을 당기고 입 끝에 약간 힘을 주며, 표정은 밝게 하고 시선은 상대방의 인중을 바라본다.
- 남성은 왼손, 여성은 오른손을 위로 가게 하여 엄지끼리 깍지를 낀 상태에서 아랫배에 댄다.

앉아 있을 때의 바른 자세

- 남성은 두 다리를 자신의 어깨너비만큼 벌리고 양손은 무릎 위에 나란히 놓는다.
- 여성은 두 무릎을 붙여 한쪽 방향으로 모으고 양손은 무릎 위에 놓는다.
- 앉을 때에는 되도록 깊숙이 앉으며 허리와 가슴은 펴야 한다.
- 목의 각도는 수평에서 15도 위로 먼 산을 보는 듯이 하면 좋다. 따라서 근무용 책상 위의 컴퓨터 모니터는 고개를 숙이지 않고 볼 수 있도록 높이를 조정해 놓는 것이 좋다. 책도 '독서대' 위에 놓고 보도록 한다.

자리에서 일어날 때의 바른 자세

- 양손을 공수(拱手)하여 무릎을 짚으면서 한 박자에 일어난다.
- 앞에 탁자가 있을 경우에는 의자를 소리 나지 않게 뒤로 밀고 의자 팔걸이에 손을 짚고 일어나거나 공수하여 무릎 위에 손을 짚고 일어난다.

* 공수(拱手) : 두 손의 손가락을 가지런히 붙여서 편 다음 앞으로 모아 포갠다. 엄지손가락은 엇갈려 깍지를 끼고 네 손가락은 포갠다. 아래에 있는 손의 네 손가락은 가지런히 펴고 위에 있는 손의 네 손가락은 아래에 있는 손의 새끼손가락 쪽을 지긋이 쥐어도 된다. 엄지손가락을 깍지 끼는 이유는 손등을 덮은 소매 사이로 엄지만 내놓아 맞은편 소매 끝을 눌러 흘러내리지 않도록 고정시키기 위한 것이다.

● 걸을 때의 바른 자세

- 등은 곧게 펴고, 어깨에는 힘을 빼고, 아랫배에는 힘을 준다.
- 허리 각도는 앉아 있을 때처럼 35도를 유지한다. 미골이 위를 향하도록 하면 어깨가 구부러지지 않고 자연스럽게 펴지면서 허리 각도는 35도가 되면서 아랫배에 힘이 들어가게 된다. 이 모습은 당당해 보이면서 건강에도 좋다.
- 손은 가볍게 주먹을 쥐고 팔은 적당히 흔들어 준다.
- 어깨는 수평으로 유지하되 몸을 흔들어서는 안 된다.
- 걸을 때 발걸음 소리가 가장 작게 나도록 조용하게 걸으며, 두 발이 일직선이 되도록 한다.

2) 헤어스타일(Hair Style)

헤어스타일은 유행이나 개인의 취향보다는 자신의 성별, 연령, 직업, 직급 등을 고려하여 상대방이 거부감을 느끼지 않도록 해야 한다. 헤어스타일은 사람의 첫인상에서 60~80%를 차지하는 중요한 부분이다. 따라서 자기에게 어울리는 스타일로 연출하여야 한다. 머리는 자주 감아서 청결하게 유지하여 상대방으로 하여금 불쾌함이 들지 않도록 해야 한다. 또 직장생활을 하는 경우, 모양은 고개를 숙였을 때 흐트러져서 앞을 가리는 일이 없도록 손질하여 활동에 지장이 없도록 하는 것이 이상적이다.

특히 유행한다고 해서 자신의 연령이나 직업 등을 고려하지 않고 이상한 헤어스타일이나 지나치게 요란하거나 염색을 화려하게 하는 것은 상대방으로 하여금 거부감을 주게 된다. 시대에 뒤떨어지는 것도 감각이 없어 보여 좋은 이미지를 주지는 않지만 너무 앞서나가 본인에게 적합하지 않은 헤어스타일을 하는 것도 결코 좋은 이미지를 심어 줄 수는 없다. 또 화려한 장식과 리본은 하지 않는 것이 좋으며 손질하기 쉬운 단정한 헤어스타일을 갖춘다.

3) 복장

의생활은 인간의 생활 중에서 중요한 요소이지만, 마음 내키는 대로 아무런 의식 없이 의상을 착용하는 것보다는 때와 장소에 따라 복장을 챙겨 입어야 한다. 옷차림은 마음의 표현이다. 옷차림과 몸치장은 의사표시의 한 수단이기 때문이다. 우리는 옷차림에서 직장, 생활, 환경, 성격, 취미, 교양, 인격 등을 엿볼 수 있다. 따라서 바람직한 옷차림은 청결, 조화, 개성을 살리는 것이다.

"옷이 날개다."라는 말을 흔히 듣는다. 복장은 첫인상을 좌우할 만큼 매우 중요한 요소다. 옷을 입을 때는 T·P·O, 즉 시간(Time)과 장소(Place)와 상황(Occasion)에 맞게 옷을 입어야 한다. 옷은 개인의 얼굴 모양, 체형, 키, 어울리는 색깔(차가운 색깔, 따뜻한 색깔) 등을 고려하여 입어야 한다. 또한 옷을 입는 기본을 알아두고 옷 입는 감각을 평소에 꾸준히 익혀야 한다(강나경, 2012; 오성환 외, 2005).

● 옷 입는 감각을 익히는 방법

- 평상시에 길거리나 주변에서 사람들의 복장을 잘 살펴보아야 한다.
- 패션잡지를 틈틈이 보면서 색깔의 조화와 스타일에 관한 감각을 익히도록 한다.
- 길거리를 지나갈 때도 의류매장에 진열된 의상을 보면서 안목을 기른다.
- TV의 패션 전문채널을 통해서 감각을 기른다.
- 백화점이나 상점에 가서 옷을 직접 입어보고, 전문가의 도움말을 들으면서 감각을 키운다.

● 컬러 진단

옷을 잘 입기 위해서는 먼저 차가운 색(Cool Tone)이 잘 맞느냐, 따뜻한 색(Warm Tone)이 잘 맞느냐를 기준으로 해야 하기 때문에 컬러 진단을 해야 한다. 아래와 같이 컬러 진단 방법에는 여러 가지가 있다.

- 개인의 눈동자 색깔이 갈색 쪽에 가까우면 따뜻한 색이 잘 맞고, 까만 눈동자이면 차가운 색이 잘 맞는다.
- 팔목 안쪽에 푸른색 기가 돌면 차가운 색이 잘 맞고, 노란색 기가 돌면 따뜻한 색이 잘 맞는다고 한다. 그러나 햇빛에 노출되면 사정이 달라지기 때문에 팔목 안쪽 대신 가슴이나 허벅지 안쪽 부분을 같은 방법으로 살펴보는 것도 좋겠다.
- 화장기가 없는 얼굴에 머리카락이 흘러내리지 않는 상태에서 상체가 다 덮일 정도의 여러 가지 색깔의 큰 천을 차례대로 목 아래에 갖다 대면서 진단한다. 여러 가지 색깔의 천에는 봄, 여름, 가을, 겨울의 색이 모두 포함되어 있어야 한다. 천을 댔을 때 잘 어울리는 색깔을 진단해 주는 사람이 판단하여 차가운 색이 잘 맞는지, 따뜻한 색이 잘 맞는지를 알려준다.
- 머리 뒤쪽에서 5cm 정도 위치의 두피가 파르스름하거나 하얗다면 차가운 색이 잘 맞고, 붉은 기의 색이 있으면 따뜻한 색이 잘 맞는다고 한다.
- 은박지 위와 금박지 위에 손을 동시에 각각 놓고 보면 더 예쁘게 보이는 손이 있다. 은박지 위에 놓인 손이 더 예쁘면 차가운 색깔이 잘 맞고, 금박지 위에 놓인 손이 더 예뻐 보이면 따뜻한 색이 더 잘 맞는다.
- 노랑이 들어 있는 색이 잘 어울린다면 따뜻한 색이 잘 맞는 것이고, 파랑이 들어 있는 색이 잘 어울리면 차가운 색이 잘 맞는다.
- 색깔 진단을 통해 여름 사람, 겨울 사람으로 나오면 차가운 색이 더 잘 어울리고 봄 사람, 가을 사람으로 나오면 따뜻한 색이 더 잘 어울린다는 것이다.

색상 진단표

※ 아래의 진단표에서 자신에게 해당하는 곳에 체크한다.

〈여성 개인 색상 진단표〉

여성 질문	A	B	C	D
1. 당신이 주로 바르고 다니는 볼터치 색상은?	파란색에 가까운 핑크	로즈 계열	노란색의 핑크	브라운 계통의 오렌지
2. 당신이 주로 바르는 입술색은?	로즈 핑크	와인 레드	오렌지 계열의 핑크	브라운 계열의 레드
3. 흰색을 택한다면 어떤 색을?	부드러운 흰색	창백한 느낌의 흰색(백색)	노란빛이 나는 아이보리 흰색	베이지 빛깔의 흰색(미색)
4. 당신이 끌리는 여성의 타입은?	품위 있는 우아한 여성	개성이 있어 눈에 띄는 여성	귀여워서 한 번쯤 동행하고 싶은 여성	지적이며 어딘가 우수에 찬 느낌의 여성
5. 당신의 인상은 한 마디로 어떻습니까?	소프트, 엘레강스	샤프, 모던	캐주얼, 로맨틱	스포티, 내추럴
6. 당신에게 어울린다고 생각하는 옷 코디네이션은?	부드러운 색을 매치시킨 의상	색의 대비가 확실한 의상	고명도에 밝은 색(파스텔톤)의 의상	고채도에 짙은 색의 의상

여성 질문	A	B	C	D
7. 당신의 정장은 주로 어떤 색이 많습니까?	회색, 파스텔 컬러	선명하고 밝고 강렬한 컬러	밝은 파스텔 컬러	차분하게 가라앉은 컬러
8. 당신이 좋아하는 소재는?	얇고 투명한 실크, 레이온	실크	얇은 견, 인조견	가죽
9. 당신이 좋아하는 무늬는?	물방울 무늬	사선줄 모늬	꽃무늬	페이즐리
10. 당신이 좋아하는 티셔츠 색상은?	파란색	강렬한 핑크	노란색	커피브라운
11. 당신이 들고 다니는 핸드백은 어떤 소재입니까?	캐리백으로 중형 사이즈에 부드러운 소재	독특한 디자인의 핸드백	중형이나 소형으로 둥글며 체인이나 장식이 있는 것	터틀백으로 천으로 만든 것
12. 당신이 좋아하는 액세서리는?	진짜 보석류	진주, 실버	컬러풀하며 귀여운 디자인의 이미테이션	골드, 목각 등 크고 독특한 형
13. 당신이 동경하는 여성상의 이미지는?	우아하며 품위 있는 여성	활기 있고 활동적이며 도시적인 여성	귀엽고 사랑스러우며 발랄한 여성	고상하면서 분위기가 있는 여성
합 계				
자신의 타입	여름 사람	겨울 사람	봄 사람	가을 사람

〈남성 개인 색상 진단표〉

남성 질문	A	B	C	D
1. 당신의 눈 전체의 느낌은?	눈 전체의 인상이 부드러움	눈자위와 눈동자의 대조가 확실하다	유리보다 투명한 느낌이 있고 빛난다	깊고 차분한 느낌
2. 당신의 두발 전체의 느낌은?	검고 부드러움	짙고 윤기가 나며 푸른 기가 있다	밝은 갈색으로 부드러운 머릿결	짙은 갈색이고 윤기가 없다
3. 당 신 의 볼 색은?	파란색이 섞인 분홍	깊이 있는 분홍	노르스름하며 밝은 분홍	연어빛 분홍
4. 당신의 입술색은?	로즈, 분홍	와인 레드	옅은 연어빛 핑크	연어빛 분홍
5. 흰색을 입는다면 당신은 어떤 색?	부드러운 흰색	순백의 흰색	상아빛 흰색	베이지를 띄는 흰색
6. 당신이 끌리는 여성의 스타일은?	고상한 분위기에 우아한 스타일	개성 있고 눈에 띄는 스타일	귀엽고 사랑스러운 스타일	지적이고 분위기 있는 스타일
7. 당신의 인상을 한마디로 표현하면?	부드러운, 스마트	샤프, 모던	캐주얼, 액티브	스포티, 내추럴
8. 당신에게 어울리는 양복의 콤비네이션은?	파란 줄무늬 셔츠와 남색 바지	흰 셔츠에 검은색 바지	아이보리 셔츠에 밝은 갈색의 데님 바지	밝은 갈색 셔츠에 연한 갈색의 바지
9. 당신의 양복은 어떤 색이 많은가?	파랑 계열의 파스텔 색상	검정, 회색 등 무채색이나 선명한 색상	갈색 계열의 옅고 밝은 색상	깊은 느낌의 갈색 계열 색상
10. 당신이 좋아하는 소재는?	면, 얇은 모직물	모직물, 가죽	리넨, 샴브레이	스웨이드, 벨벳

남성 질문	A	B	C	D
11. 당신이 좋아하는 넥타이의 무늬는?	가는 무늬	무지 줄무늬	물방울 무늬 체크 무늬	체크 무늬 페이즐리 무늬
12. 당신이 좋아하는 티셔츠의 색상은?	연파랑, 연분홍	회색, 남색	상아색	갈색, 황갈색
13. 당신이 좋아하는 시계는?	단순한 무자판의 실버 타입	대담한 디자인의 검은색 밴드 타입	금장의 화려한 스타일	전통적인 갈색 가죽 밴드 타입
14. 당신이 좋아하는 신발 콤비네이션은?	청바지에 스니커즈	정장차림에 검은 슈즈	컬러풀한 캔버스화	갈색빛이 나는 옥스포드화
15. 당신이 생각하는 자신의 성격은?	자상하고 착실한 성실파	대담한 성격의 개성파	인간관계를 소중히 하는 온건파	활동적, 지구력 있는 실천파
합 계				
자신의 타입	여름 사람	겨울 사람	봄 사람	가을 사람

색상 진단 결과표

※ 색상 진단 후 A, B, C, D 중 가장 많이 나온 것이 자신의 타입입니다. 봄 사람, 여름 사람, 가을 사람, 겨울 사람으로 진단이 되면 아래 내용을 참고하여 옷을 입으면 됩니다. 또 A, B 타입은 차가운 색상(검정, 감색, 회색 등), C, D 타입은 따뜻한 색상(노랑, 오렌지색 등)이 잘 어울립니다.

A. 봄 사람 – 화사하고 귀여운 느낌

① 안색이 밝고 환해 생기가 있어 보인다.
② 실제 나이보다 젊어 보인다.
③ 어울리는 색상은 모든 색에 노랑이 섞인 따뜻한 색, 선명하고 부드러우면서 명도와 채도가 높은 색상이다(주홍, 연두, 산호색).
④ 피해야 하는 색상은 순백색, 검정색, 은색, 회청색, 보라색, 와인색이다.

B. 여름 사람 – 부드럽고 인상 좋음

① 다소 차가우면서 부드러운 느낌을 겸비한 이지적 분위기로 친근감을 준다(우아, 기품, 고전적인 느낌).
② 어울리는 색상은 아이보리, 로즈 핑크, 코스모스 색, 스카이블루이다.
③ 피해야 할 색상은 번쩍임이 있는 색, 따뜻한 색 계열인 황금색, 오렌지색이다.

C. 가을 사람 – 분위기 있음

① 세련되고 차분한 이미지이다(도회적).
② 피부는 윤기가 없고 혈색도 좋지 않다.
③ 어울리는 색상은 모든 색에 노랑과 검정을 섞은 색, 황금빛 색, 짙은 브라운, 겨자색 등이다.
④ 피해야 할 색상은 순백색, 검정색이고, 강하고 광택이 나는 옷감도 피해야 한다.

D. 겨울 사람 – 섹시하고 도시적임

① 맑고 강렬한 이미지를 주고, 시원스럽고 딱딱하고 섹시한 느낌을 준다.
② 화려함과 날카로움을 겸비한 멋진 사람이 많다.
③ 어울리는 색상은 순백색, 검정색, 청록색, 청보라, 군청색, 와인색이다.
④ 피해야 할 색상은 오렌지색, 갈색이다.

※ 출처 : 정해정(2003). 컬러코디네이션.

4) 피부

피부는 인상 형성 시에 중요한 요소이다. 좋은 이미지를 위해서는 피부 관리에 신경을 써야 하므로 피부 관리에 대한 상식을 알아둘 필요가 있다. 나이가 들면 피부에도 어쩔 수 없이 자연노화가 온다. 자연노화는 피할 수 없지만 피부 관리에 관심을 가지고 신경 쓴다면 피부노화는 좀 더 천천히 진행될 것이다. 피부노화 방지를 위한 방법을 제시하면 다음과 같다(강나경, 2012).

- 햇빛에 의한 광노화는 노력하면 어느 정도 막을 수 있다. 오전 11시부터 오후 3시까지 자외선이 강한 햇빛을 피하고 사계절 내내 외출할 때는 햇빛 차단 크림을 발라야 한다. 햇빛 차단 크림을 바른 뒤 필요성이 없어지면 최대한 빨리 씻어내는 것이 피부에 좋다. 햇빛 속에는 ABC 파장이 있는데 C 파장은 오존층에서 파괴되기 때문에 우리 피부에 와 닿지 않는다. 그러나 B 파장은 우리 피부에 기미, 검버섯 등을 생기게 한다. A 파장은 강하고 길기 때문에 집안의 창문을 통과해 우리 피부를 주름지게 한다. 창문을 통과한 햇빛은 우리 몸에 유익하지 않고 피부에도 해롭다. 햇빛은 집 밖에 나가서 직접 받아야 우리 몸에 비타민 D를 형성시켜 주며 이 비타민 D는 우리의 뼈를 튼튼하게 해준다. 노천에서 햇볕을 쬘 때 얼굴만큼은 햇빛을 직접 받지 않아야 주름을 예방할 수 있고 피부의 탄력이 떨어지는 것도 막을 수 있다.
- 피부를 위해서는 평상시에 식후 2시간 후부터 미지근한 물을 조금씩 자주 마셔야 한다. 잠들기 전에 드는 한 잔의 물은 피부를 촉촉하게 하는 데 도움이 된다.
- 피부를 위해서는 적절한 시각에 잠을 자야 한다. 되도록 밤 10시부터 새벽 2시까지는 잠을 자는 것이 좋다. 이 시간대에 다른 모든 신경은 활동을 쉬지만 부교감 신경만큼은 활동을 멈추지 않고 피부에 영양을 공급해 준다. 피부세포의 재생을 위해서는 밤 10시가 어렵다면 밤 11시부터라도 잠을 자는

습관을 길러야 한다.

- 항산화제인 비타민 C 영양제를 식사 도중이나 식후에 곧장 먹는다. 비타민 C는 콜라젠 생성에 도움이 되기 때문에 피부에 좋다.
- 해바라기 씨는 피부에 최고의 식품이다. 따라서 볶은 해바라기 씨를 하루에 한 숟가락씩 먹는 것도 피부에 도움이 된다.
- 몸이 따뜻해야 피부의 건조를 막는다.
- 규칙적으로 배변을 하고 간이 건강해야 기미가 생기지 않는다.
- 영양을 균형 있게 섭취하고 제철에 난 음식과 과일을 골고루 먹는다.
- 평소에 스트레스를 받지 않도록 한다.
- 공해를 피해 맑은 공기 속에서 생활한다. 집안에 있는 큰 나무도 피부에는 도움이 된다.

5) 눈썹

눈썹은 얼굴에서 지붕과 같은 역할을 한다. 눈썹이 지나치게 숱이 많으면 강해 보일 수도 있지만, 지나치게 적으면 인물이 떨어져 보인다. 정돈되고 세련된 이미지를 원한다면 눈썹 정리는 필수이며 얼굴형에 맞는 눈썹 모양을 유지하도록 신경을 써야 한다.

6) 입술 모양

입술과 입 모양은 첫째, 말할 때 입 끝에 힘을 주고 말하면 세련된 이미지, 똑똑한 이미지, 생기 있는 이미지와 적극적이고 진지한 느낌을 주게 된다. 둘째, 대화할 때에도 입술 끝에 힘주고 얘기를 들으면 상대방의 얘기를 적극적으로 경청하는 느낌을 주기 때문에 상대방의 신뢰감이 더 커진다. 셋째, 말을 하거나 전화통화를 할 때 입술 끝에 힘을 주고 말하면 '성대'가 열리기 때문에 미소 지을 때의 상냥한 느낌을 상대방에게 주기 때문에 이미지가 좋게 느껴진다. 넷째, 입술 끝에 힘주고 있으면 웃을 때의 효과가 있기 때문에 피곤이 누적되지 않고 상쾌한 기분을 가질 수 있을 뿐만 아니라 기분 좋은 상태를 유지할 수 있다. 다섯째, 입술 끝에 힘주고 있으면 인중이 넓어지기 때문에 '좋은 운이 많이 따른다.'는 인상학자의 견해도 있다. 여섯째, 입술 끝을 올리는 습관을 가지면 얼굴 근육이 처지는 속도가 더뎌진다. 일곱째, 입술 끝을 올리기 위해 입술 끝의 근육을 강화시키려면 입을 다물고 윗니와 아랫니를 보인 상태에서 입술 양끝을 최대한 옆으로 밀어내는 운동을 한 달 동안 매일 5분 정도씩 하면 효과가 있다. 입술 끝 근육이 강화되면 입술 끝이 올라가 보인다. 한 달 이후 이틀이나 사흘에 한 번씩만 입술 끝 근육 강화운동을 5분만 해도 입술 근육은 유지된다.

7) 치아

상대방과 얼굴을 마주 보고 있을 경우 치아 상태도 이미지 형성에 영향을 준다. 치열을 좋은 상태로 유지하기 위해서는 평소에 잇몸을 강화시켜야 한다.

- 양치질을 식후에 반드시 하고 양치질도 정성 들여 하도록 한다.
- 40대가 넘었다면 하루 한 번씩 보통의 양치질을 한 다음 소금으로 잇몸 중심의 양치질을 다시 해주면 잇몸의 불순물이 나오고 삼투압 작용에 의해서 잇몸이 강화된다.
- 검지를 깨끗하게 씻은 다음 잇몸 마사지를 수시로 한다. 잇몸이 강화될 뿐만 아니라 치아가 시리고 문제가 있을 때에도 효과를 볼 수 있다.
- 고치법(叩齒法) 운동, 즉 위, 아래 어금니와 여러 번 맞부딪쳐 준다.
- 입을 다물고 4개의 손가락을 붙여서 입술 위를 여러 번 두드려 주거나 꼭꼭 눌러 마사지를 하면 잇몸이 강화된다.

8) 눈빛

사람과 마주 보게 된다면 상대방의 눈빛과 치아 상태가 이미지 형성에 중요하게 작용한다. 남성의 아름다운 눈빛은 맑고 강하고 빛난 눈빛이다. 여성의 아름다운 눈빛은 맑고 그윽한 눈빛이다. 아름다운 눈빛을 위한 눈 운동도 관심을 가질 필요가 있다. 다음 네 가지 눈 운동은 아름다운 눈빛을 위해 좋을 뿐만 아니라 시력도 좋게 만든다.

- 아름다운 눈빛을 갖기 위해서는 평소에 입 끝에 힘을 주면서 눈을 감고 희망적인 생각, 기분 좋았던 생각 등의 긍정적인 생각을 한다.
- 한 시간마다 눈을 일 초씩 '감았다 떴다'를 열 번 한다. 그리고 멀리 있는 푸른색을 자주 바라본다.
- 눈을 감은 상태에서 고개를 뒤로 젖히고 발 쪽을 보듯이 눈 근육을 긴장시키고(10초 동안), 반대로 고개를 숙인 상태에서 머리 쪽을 보듯이 눈 근육을 긴장시킨다(10초 동안). 이어서 오른쪽 어깨 쪽으로 고개를 돌리고 왼쪽 어깨를 보듯이 눈 근육을 긴장시키고(10초 동안), 반대로 고개를 왼쪽 어깨 쪽으로 돌리고 오른쪽 어깨를 보듯이 눈 근육을 긴장시킨다(10초 동안). 다음에는 고개를 똑바로 하고 눈알을 상·하·좌·우로 굴리고 시계 도는 방향으로 원을 한 번 그리고 또 반대방향으로 원을 한 번 그리는 눈 운동을 한 세트로 열 번 한다.
- 양손의 손바닥을 50회 정도 가슴 쪽으로 원을 그리며 비빈 다음, 눈을 크게 뜨고 열이 난 손바닥을 손등을 약간 오목하게 해서 눈 위에 갖다 댄다.

9) 턱의 각도

사람과 마주 보며 대화를 나누거나 앞에 나와서 발표할 때는 턱의 각도를 적절하게 해야 한다.

- 턱을 수평에서 10도 이상 위로 들면 상대방에게 거만하고 공격적인 느낌을 준다.
- 턱을 수평에서 10도 이상 아래로 내리면 겸손한 느낌을 줄 수 있지만 자신감이 없어 보일 수도 있다.
- 대화를 나누면서 상대방의 얘기를 들을 때는 턱의 각도를 수평으로 하다가 자기가 말할 때는 약 5도 정도 들고 얘기하면 자신감이 있어 보여서 이미지가 좋다.

10) 시선 처리

사람과 마주 앉아 대화를 나눌 경우 시선 처리는 이미지 형성에 중요하게 작용한다. 일반적으로 미간, 인중, 턱 끝 세 부분을 골고루 보거나 눈, 코, 입, 목을 골고루 보는 시선 처리가 무난하다. 한 부분에 시선을 조금 여유 있게 준 다음 다른 곳으로 옮긴다. 상대방의 목 아래로 시선을 두는 것은 결례이다. 특정한 상황에서 상대방을 설득하기 위한 목적이 있다면 상대방의 왼쪽 눈에 집중적으로 시선을 주면서 말을 하는 것이 설득의 효과가 있다. 왼쪽 눈은 우뇌와 연결되어 있기 때문에 감성에 대해 작용력이 있다.

4. 체형별 코디네이션

체형에 따른 코디네이션은 매우 중요하다. 체형과 키에 따라 코디네이션 방법을 간략히 소개하면 다음과 같다(조영아 외, 2011).

1) 마른 체형 작은 키

- 상의와 하의의 색상은 가능하면 통일시켜 입는다.
- 짧은 재킷, 동일색의 하의를 입고 롱스커트, 롱팬츠, 원피스를 입는다.
- 흰 피부는 셔츠나 이너웨어(Innerwear)를 파스텔 계열의 밝은 색상으로 선택한다.
- 어두운 피부는 체형 보완을 위해 줄무늬, 체크 등의 무늬를 이용하고 어느 정도 간격이 있으면서 확실한 줄무늬가 적합하다.

2) 마른 체형 보통 키

- 컬러는 하의보다 상의를 더 밝게 입는다.
- 롱팬츠와 롱재킷, 긴 점퍼스커트나 긴 조끼 등 같은 계열색으로 조화를 이룬다.
- 상의와 하의는 검정과 갈색 등 어두운 색 계열, 빨강과 초록의 보색 대비 등은 피한다.
- 줄무늬, 체크무늬로 개성을 살린다.
- 옷 색상과 비슷한 계열의 넥타이, 스카프가 좋고 머플러는 마른 체형을 볼륨감 있게 살려 준다.

3) 마른 체형 큰 키

- 컬러는 밝고 환한 색상이 큰 키를 보완하고 흰색과 밝은 회색이 마른 체형을 보완한다. 잔잔한 무늬는 더 커 보인다.
- 검정, 진한 회색, 짙은 녹색, 짙은 모노톤도 큰 키를 보완해 주는 색이다.
- 정장 스타일이 잘 어울린다. 재킷 길이가 길면 키가 덜 커 보인다.
- 긴 머리가 좋고 큰 액세서리와 대담한 디자인, 큰 무늬가 좋다.

- 딱딱한 느낌의 서류가방, 핸드백이 좋다.

4) 살찐 체형 작은 키

- 컬러가 짙고 어두운 옷을 입는다.
- 포인트 컬러는 넥타이, 이너웨어, 모자, 스카프 등에 이용하는 것이 효과적이다.
- 작은 키를 보완하기 위해서 상하의는 같은 색으로 입거나 대조적이지 않은 색끼리 입는다.
- 하체가 길어 보이는 롱팬츠, 롱스커트, 원피스를 입는 것도 효과적이다.

5) 살찐 체형 보통 키

- 컬러는 위보다는 아래를, 겉보다는 속을 밝게 입는다.
- 원색 계열의 빨강이나 자주, 짙은 네이비, 포도주색, 짙은 회색, 검정도 잘 어울리고 짙은 색이 체형을 세련되게 표현한다.
- 상하의를 같은 색으로 입어도 좋고, 상하의 색상을 달리해서 입어도 괜찮다.

6) 살찐 체형 큰 키

- 컬러는 상하의를 대조적인 색상으로 코디한다(상의 짙은 색, 하의 밝은 색).
- 중간톤의 회색, 검정색의 모노톤, 포도주색, 짙은 빨강, 자주색 등은 살찐 체형을 보완하며 잘 어울리는 색 중 짙은 색을 선택한다.
- 장식이 돋보이는 디자인이 좋다.
- 광택이 없는 천과 세로 절개선 무늬가 좋다.
- 단화보다 4~5cm의 굽이 좋다.

7) 보통 체형 작은 키

- 상하의의 컬러로는 같은 계열 색을 입는다. 잔잔한 무늬, 세로 절개선 무늬가 좋다.
- 아이보리, 베이지, 선명한 인상을 주는 오렌지색, 녹색도 잘 맞는다.
- 재킷색상이 다르더라도 이너웨어와 스커트, 팬츠의 색상은 동일색으로 연결시키는 것이 체형 보완에 좋다.
- 신발의 굽이 지나치게 높으면 키가 더 작아 보인다.
- 액세서리는 시선을 위로 유도하는 것이 좋고 가는 끈의 숄더백이 좋다.

8) 보통 체형 보통 키

- 컬러는 밝은 색상, 어두운 색상 모두 소화가 가능하다.
- 브라운 골드, 진한 파랑 등은 이 체형의 세련된 이미지를 전달해 준다.
- 롱원피스, 롱스커트가 잘 어울리고 부드러운 소재일수록 체형을 돋보이게 한다.
- 적당한 굽 높이가 좋고, 모자도 좋다.

9) 보통 체형 큰 키

- 컬러는 상하의 색을 달리해서 콤비 스타일로 입으면 큰 키를 보완한다.
- 내추럴톤이나 딥톤의 색상이 잘 맞는다. 녹색, 자주색, 포도주색도 잘 어울린다.
- 같은 색의 슈트를 입을 때는 선명한 색상의 이너웨어, 스카프, 화려한 액세서리가 좋다.
- 아래쪽에 커다란 무늬의 옷은 체형을 보완해 주며 크고 대담한 액세서리가 좋다.

5. 체형에 따르는 여성 코디

여성의 체형에 따라 코디방법을 간단히 살펴보면 다음과 같다(강나경, 2012).

1) 짧은 목

- 되도록 목을 많이 보이게 한다.
- 목선을 조금 깊게 판다.
- V 네크라인은 목을 길고 가늘어 보이게 한다.
- 체인 목걸이는 목의 길이를 길어 보이게 하는 효과가 있다.
- 하이칼라는 피하고, 목 뒤에서 세우고 앞은 열어두는 스탠드칼라가 어울린다.

2) 길고 가는 목

- 목에 포인트를 두고 멋을 내면 좋다.
- 목이 너무 길면 스카프나 목걸이 등으로 목을 덜 길어 보이게 한다.

• 세우는 칼라나 겹쳐지게 만든 칼라, 하이 네크라인, 롤칼라 등이 어울린다.

3) 좁은 어깨

• 꼭 맞는 상의는 피한다.
• 스카프를 어깨 위로 가로로 매면서 가로 선을 만들어 주면 좋다.
• 옷깃의 바깥쪽에 브로치를 달거나, 보크네크에 어깨 패드가 있는 디자인이 좋다.
• 어깨선이 처진 드롭 숄더는 팔이 길고 어깨가 좁은 사람에게는 좋지만, 경사진 어깨에는 처짐이 더 강조되므로 피한다.

4) 넓은 어깨

• 과장된 어깨는 피하고 패드를 넣고 싶으면 적게 넣는다.
• V 네크라인, 스쿠프 네크라인 등이 어울리고 래글런 소매나 부드러운 어깨 디자인이 각진 것보다 낫다.
• 목이 긴 경우에는 높은 칼라를 사용하면 어깨가 좁아 보이게 하는 효과가 있다.

5) 큰 가슴

• 네크라인은 스쿠프라인, V 라인, 드레이프 등이 어울리고 숄칼라에 민소매나 긴소매 또는 돌먼 소매가 좋다.
• 싱글브레스트나 칼라가 없는 심플한 재킷이 좋다.
• 프린세스 라인 같은 절개선과 처진 허리라인이 바람직하다.
• 부드럽고 주름 있는 디자인이 큰 가슴을 덜 커 보이게 한다.
• 목걸이나 스카프는 가슴의 가장 큰 부분보다 더 위에서 끝나야 한다.

- 볼레로 같은 짧거나 꼭 끼는 재킷, 짧은 소매, 꼭 졸라맨 허리라인 등은 가슴을 더 커 보이게 하므로 피한다.
- 가슴 부분에 요란한 무늬나 장식 역시 피하는 게 좋다.

6) 작은 가슴

- 주머니나 주름 같은 디테일이 있는 조금 여유 있는 상의가 좋다.
- 더블브레스트 재킷은 작은 가슴을 커버한다.
- 짧은 소매는 가슴을 커 보이게 하고, 레이스 등을 덧대면 부피가 생긴다.
- 몸에 꼭 끼는 스타일은 피한다.

7) 긴 허리

- 짧은 재킷이 잘 어울리지만, 가슴이 큰 경우라면 긴 재킷과 짧은 블라우스를 입는다.
- 허리선을 넓게 만들거나 넓은 벨트를 맨다.
- 하이 웨이스트 스커트나 바지가 잘 어울린다.

8) 짧은 허리

- 긴 재킷이나 블라우스가 어울리고, 재킷의 허리는 너무 강조하지 않는다.
- 스카프를 길게 매는 것도 한 방법이다.
- 벨트는 안 매는 것이 좋으나, 가는 체인형을 아래로 흐르게 매면 허리가 길어 보인다.

9) 작고 납작한 엉덩이

- 엉덩이가 드러나지 않게 한다.

- 무색의 재킷과 무늬가 있는 스커트나 주머니 같은 디테일을 이용하면 엉덩이에 볼륨이 있어 보인다.
- 가로로 주름장식을 넣으면 좋다.

10) 큰 엉덩이

- 어깨 패드를 넣고 흘러내리는 듯한 디자인으로 조금 여유 있게 입는다.
- 재킷이나 블라우스의 길이는 엉덩이의 가장 큰 부분보다 긴 것이 좋고 그렇지 않을 경우에는 차라리 짧은 게 좋다.
- 무늬가 있는 재킷과 단색의 스커트를 입는다.
- 허리에 주름이 많이 잡히는 스커트가 어울린다.
- A라인 스커트는 바람직하지 않다.
- 스커트를 짧게 입으면 엉덩이가 더 커 보인다.
- 약간 굽이 높은 구두는 엉덩이를 작아 보이게 한다.

6. 얼굴형에 맞는 안경

예로부터 우리 선조들은 '몸이 천 냥이면 눈이 구백 냥'이라며 눈의 중요성을 강조해 왔다. 눈의 기능 중에서 가장 중요한 것이 보는 기능이다. 보는 것은 시력인데 시력이 좋지 않아 안경을 착용하는 경우가 많다. 자신의 얼굴형에 맞지 않는 안경테를 쓸 경우 자신의 얼굴을 반감시킬 수도 있으므로 안경테는 자신의 얼굴형에 적당한 것을 골라야 한다. 얼굴형에 따라 안경테를 잘 사용하면 멋도 내고 안경의 기능도 살릴 수 있다.

얼굴형에 따른 안경테를 고르는 요령을 제시하면 다음과 같다(김월순 외, 2007).

1) 안경테 고르는 요령

이제 안경은 시력의 보완뿐만 아니라 이미지 변화의 도구와 액세서리의 기능까지 하고 있다. 안경테의 모양이나 안경의 크기, 색깔을 잘 선택하면 얼굴의 결점을 커버하면서 가장 중요한 액세서리로서 일정한 역할을 할 수 있다. 안경을 잘 선택하면 날카롭고 강한 눈매를 부드럽게 만든다. 안경을 고를 때는 안경알 크기만 유행을 고려하여 고르고, 안경테 모양은 자신의 얼굴형과 추구하는 이미지에 맞게 골라야 한다.

일반적인 안경을 고를 때는 먼저 얼굴형에 맞는지를 살피고 안경의 눈꼬리 쪽이 약간 내려갔는지 확인하는 것이 좋다.

- 얼굴이 둥근형은 각이 지고 안경테 눈꼬리 부분이 내려간 디자인으로 골라야 좋은 이미지를 연출할 수 있다.
- 얼굴형이 긴 사람은 안경의 브리지 부분이 넓은 것이 좋다.
- 얼굴형이 둥글고 코가 낮은 사람은 투명 안경테를 고르면 코가 높아 보이는 효과를 볼 수 있다.
- 얼굴 아래쪽이 넓은 사람은 부드러운 선의 안경테를 고르는 것이 좋다.
- 안경의 한가운데에 눈동자가 위치하게 하는 안경테를 고른다.
- 안경 위쪽의 프레임이 속눈썹과 일치하거나 가까이 있어야 한다.
- 안경 아래쪽의 프레임이 광대뼈에 닿으면 안 된다.
- 미간이 좁은 사람은 안경 가운데의 브리지를 투명하고 옅은 색으로 하면 좁은 미간이 덜 좁아 보인다.
- 미간이 넓은 사람은 안경 가운데의 브리지를 짙은 색으로 하면 미간이 좁아 보인다.
- 코가 짧고 납작하면 안경의 브리지를 미간보다 조금 높게 하거나 투명하게 해서 코가 길고 오뚝한 느낌을 주게 한다.

2) 얼굴형과 안경테·헤어스타일

(1) 둥근형의 얼굴

- 둥근 얼굴은 두발을 좀 높여서 얼굴이 길고 좁아 보이게 만든다. 옆머리에 불필요한 볼륨을 만들지 말고 가르마를 타지 않도록 한다. 귀 옆으로 머리카락을 조금 길게 내려도 얼굴을 좁아 보이게 한다.
- 안경테는 타원형, 사각형, 직사각형 프레임이 잘 어울린다.

(2) 타원형 얼굴

- 타원형 얼굴은 어떤 헤어스타일도 잘 어울린다. 단, 개인의 머리숱이 많고 적음에 따라 분위기가 많이 차이가 난다.
- 다양한 안경테도 잘 어울린다. 각진 프레임이나 부드러운 라인의 프레임이 모두 다 어울린다.

(3) 역삼각형 얼굴

- 역삼각형의 얼굴은 이마 부분이 가장 넓은 형이다. 따라서 옆 가르마를 타고 앞머리를 내리되 양쪽 옆으로 빗어 내려서 넓은 이마를 좁아 보이게 한다. 턱 옆으로 머리에 컬을 만들거나 어깨 정도의 머리 길이로 볼륨을 만들어 턱이 좀 넓어 보이게 만든다.
- 안경테는 아래쪽 테가 두껍거나 무거워 보이면 뾰족한 턱을 강조하게 된다.

(4) 삼각형 얼굴

- 삼각형의 얼굴은 이마가 좁고 턱이 넓은 형태의 얼굴을 말한다. 가장 좁은 부분인 이마의 옆으로 볼륨을 만들고 넓은 턱의 옆은 머리를 보이지 않게 해서 불필요한 볼륨을 없애면 균형 있는 이미지를 만들 수 있다.
- 안경의 위쪽 테를 무거워 보이는 것으로 하면 좁은 이마를 강조하게 된다.

(5) 사각형 얼굴

- 사각형 얼굴은 가로, 세로 길이가 비슷한 얼굴형이다. 이마 위의 모발을 높이고 옆머리를 귀 뒤로 보내서 불필요한 볼륨을 줄이면 얼굴을 좁아 보이게 할 수 있다. 턱 옆으로 머리카락을 보이게 해서 길이를 만들고 각진 턱을 부드럽게 만든다.
- 안경테는 직사각형으로 모서리를 부드럽게 만든 프레임이 좋다. 안경테가 광대뼈에 닿지 않도록 착용한다.

(6) 직사각형 얼굴

- 직사각형 얼굴은 이마와 뺨, 턱이 거의 같은 선상에 있고 길이가 긴 형이다. 앞머리를 내리면 얼굴이 짧아 보이고 앞머리를 세우면 더 길어 보인다. 긴 머리는 얼굴을 더 길어 보이게 하므로 짧은 단발 정도가 좋다.
- 큰 안경도 잘 어울린다. 단, 안경테를 부드러운 사각형으로 하면 얼굴이 더 길어 보인다.

(7) 다이아몬드형 얼굴

- 마름모형이라고도 하는 다이아몬드형 얼굴은 얼굴 중에 광대뼈가 가장 넓고 이마와 턱이 좁은 타입이다. 이 얼굴은 이마의 양쪽 옆으로 머리에 볼륨을 주고 광대뼈 옆의 머리는 뒤로 보낸다. 턱 옆까지 내려오는 머리카락은 턱선을 덜 뾰족하게 한다.
- 안경의 옆선이 광대뼈에 와서 광대뼈를 더 강조하지 않도록 안경을 조금 위로 올려서 쓴다.

위에서 제시한 내용을 바탕으로 소그룹으로 나누어 면접 보는 연습을 해보자. 면접평가표에 채점을 하여 부족한 부분, 또는 면접을 통해 나도 모르는 버릇이 있는지 확인하여 고칠 수 있도록 한다(임경희 외, 2015).

<table>
<tr><th colspan="2">면접 평가표 예시</th></tr>
<tr><td>면접자 성명:</td><td>면접관 성명:</td></tr>
</table>

<table>
<tr><th rowspan="2">평가 요소</th><th rowspan="2">평가 주안점</th><th colspan="5">평가 방법</th><th rowspan="2">평점</th></tr>
<tr><th>탁월</th><th>우수</th><th>보통</th><th>부족</th><th>문제</th></tr>
<tr><td rowspan="3">용모와 태도</td><td>• 첫인상이 밝은 표정인가?</td><td></td><td></td><td></td><td></td><td></td><td></td></tr>
<tr><td>• 외관상 건강상태는 어떠한가?</td><td></td><td></td><td></td><td></td><td></td><td></td></tr>
<tr><td>• 품위 있는 자세인가?</td><td></td><td></td><td></td><td></td><td></td><td></td></tr>
<tr><td rowspan="3">인성</td><td>• 신뢰감을 주고 있는가?</td><td></td><td></td><td></td><td></td><td></td><td></td></tr>
<tr><td>• 겸양을 갖추었는가?</td><td></td><td></td><td></td><td></td><td></td><td></td></tr>
<tr><td>• 감성이 풍부한가?</td><td></td><td></td><td></td><td></td><td></td><td></td></tr>
<tr><td rowspan="3">표현력</td><td>• 흡인력이 있는가?</td><td></td><td></td><td></td><td></td><td></td><td></td></tr>
<tr><td>• 자신감이 있는가?</td><td></td><td></td><td></td><td></td><td></td><td></td></tr>
<tr><td>• 언어구사력, 표준말 사용 정도는 어떠한가?</td><td></td><td></td><td></td><td></td><td></td><td></td></tr>
<tr><td rowspan="2">경력</td><td>• 직종에 적합한 경력이 있는가?</td><td></td><td></td><td></td><td></td><td></td><td></td></tr>
<tr><td>• 특별한 경력이 있는가?</td><td></td><td></td><td></td><td></td><td></td><td></td></tr>
<tr><td rowspan="3">가능성</td><td>• 일에 대한 열정이 보이는가?</td><td></td><td></td><td></td><td></td><td></td><td></td></tr>
<tr><td>• 책임감을 가지고 있는가?</td><td></td><td></td><td></td><td></td><td></td><td></td></tr>
<tr><td>• 지식과 정보가 풍부한가?</td><td></td><td></td><td></td><td></td><td></td><td></td></tr>
<tr><td colspan="2">합계</td><td colspan="6">150</td></tr>
<tr><td>종합의견</td><td colspan="7"></td></tr>
</table>

나의 이미지 웹망 그리기

참고문헌

강기수(2007). 탐구공동체 활동을 통한 인성교육. 부산교육 3-23.

강나경(2012). 생활예절과 이미지 메이킹. 서울: 공동체.

강민지(2010). 중학교 영재교육원의 인성교육 현황 및 인성교육 프로그램의 발전방향 탐색. 건국대학교 교육대학원 석사학위논문.

고영인(1996). 보육시설에서의 인간관계에 대한 기초 연구. 영유아보육연구, 2, 79-109.

공병호(2008). 미래인재의 조건. 서울: 21세기 북스.

공병호(2009). 소울메이트. 서울: 흐름출판.

교육부(2015). 인성교육진흥법.

교육인적자원부(2004). 교육에 대한 기업 CEO의 의식조사 연구. 교육인적자원부 정책연구보고서.

권석만(2011). 인간관계의 심리학. 서울: 학지사.

권혁천(2008). 리더십유형에 대한 인식이 구성원의 직무만족 및 조직헌신에 미치는 영향. 연세대학교 정경대학원 석사학위논문.

김월순·김은희·이언영(2007). 토털·패션·코디네이션. 서울: 예림.

김은석·고영혁·한유석·허용무(2011). 자기계발 로드맵. 서울: 공동체.

김충기(1999). 생활지도 상담 진로지도. 서울: 교육과학사.

남궁달화(1999). 인성교육론. 서울: 문음사.

노이경·이민수·박인하·유대근·윤필현·황정숙(2010). 만남과 성장. 서울: 한국전문대학교육협의회.

문용린(2000). 새천년의 한국인을 위한 교육: 인성 및 시민교육의 강화. 정책포럼 27, 33-35.

박경옥(2010). 유아 인성교육에 대한 예비 유아교사의 인식에 관한 연구. 중앙대학교 교육대학원 석사학위논문.

박균섭(2008). 학교 인성교육론 비판. 교육철학, 35, 35-69.

박성미(2005). 직업준비교육. 서울: 서현사.

박장호·추병완(2002). 인격교육론. 서울: 도서출판 백의.

백기복(2008). 리더십리뷰. 서울: 창민사.

설기문(2006). 인간관계와 정신건강. 서울: 학지사.

손봉호(1996). 인성교육. 철학과 현실, 60-69.

심미향(2004). 학교 인성교육의 의미와 실천에 대한 고찰. 연세대학교 정경대학원 석사학위논문.
안철수(2004). 지금 우리에게 필요한 것은. 서울: 김영사.
엄진현(2006). 초보팀장이 알아야 할 모든 기술. 서울: 지식공작소.
오성환·김금수(2005). 직장예절. 서울: 형설출판사.
윤운성(2000). 21세기 청소년 인성교육론. 김관해 교수 정년기념 논문집.
이영희·이복희·이현길·조정융·김인기·김종표(2010). 자기주도형 인성과 경력개발. 서울: 한국전문대학교육협의회.
이용규(2009). 대학생을 위한 진로지도. 서울: 신광문화사.
이은경(2001). 대학생의 자아개념과 진로의사결정과의 관계. 한남대학교 지역개발대학원 석사학위논문.
이인숙(2011). 가정과 교육에서 창의·인성 교육에 대한 가정과 교사의 관심과 실행: CBAM 모형에 기초하여. 이화여자대학교 교육대학원 석사학위논문.
이정은(2009). 한국 청소년 인성교육의 개선방안 연구. 부산대학교 대학원 석사학위논문.
이존구(2003). 인성교육의 발전 방안에 관한 연구. 공주대학교 교육대학원 석사학위논문.
이주희·최명선·박희현(2009). 대학생을 위한 인성 교육 프로그램의 효과. 인간발달연구, 16(2). 205-220.
이주희·박희현·박은민(2012). 인성함양. 서울: 공동체.
이주희·박희현·박은민(2012). 리더십 계발. 서울: 공동체.
이현정(2009). 자아정체감 형성을 돕는 교수-학습 과정안 개발 및 효과. 한국교원대학교 대학원 석사학위논문.
이현림·김봉환·김병숙·최웅용(2003). 현대진로상담. 서울: 학지사.
임경희·박미진·정민선·한수미·이종범·김진희·홍지영·문승태·김수리·최인화·조붕환·이인혁(2015). 자기개발과 진로설계. 서울: 학지사.
임은경(1998). 여성의 지로장애 요인에 대한 고찰. 한국진로상담학회지, 3(1), 79-98.
임지영(2004). 도덕교육에서 인성교육의 활성화 방안 연구. 한국외국어대학교 대학원 석사학위논문.
전국경제인연합회(2004). 기업이 바라는 인재상 및 이의 실현방안. 전국경제인연합회 정책연구보고서.
정명화·최인근·서영호·김대경·김진숙·강동권·형정은(2010). 성공적인 직무수행을 위한 자기개발능력. 서울: 한국전문대학교육협의회.
정석용·이규은(2012). 자기계발과 직업. 서울: 동문사.
정옥분(2004). 발달심리학. 서울: 학지사.
정해정(2003). 컬러코디네이션. 서울: 도서출판 국제.
조경덕·장성화(2012). 대인관계와 커뮤니케이션. 서울: 동문사.
조성일·최혜영(2005). 교육행정과 학교·학급 경영. 서울: 학이당.

조성진·지희진(2014). **인성과 자기계발**. 서울: 정민사.

조연순(2007). 초등학교 아동의 특성 변화와 인성교육의 요구. **초등학교 인성교육의 현상과 과제**, 5. 15-38.

조영아·최경아·안민숙·김미경(2011). **샵 마스터**. 서울: 교학연구사.

조은미(2009). 실천지향의 인성교육 프로그램을 통한 바른 인성 함양 방안 연구. 광주교육대학교 교육대학원 석사학위논문.

조진만(2005). 한국의 리더십연구에 대한 성찰. **숙명리더십연구**2(2). 221.

추병완(2000). 인성교육의 목적과 기본원리. **학교경영**, 13. 28-33.

한국교육학회(2001). **인성교육**. 서울: 문음사.

홍성민(2004). **상대방을 내 편으로 만드는 파워 리더십**. 서울: 새로운 제안.

Betz, N. E., & Hackett, G.(1997). Applications of self-efficacy theory to the career assessment of women. *Journal of Career Assessment, 5*, 383-402.

Crites, J. O.(1969). *Vocational Psychology*. N. Y.: McGraw-Hill.

Erikson, E. H.(1968). *Identity: Youth and Crisis*. New York: Norton.

Erikson, E. H.(1980). *Identity and the life cycle*. New York: Norton.

Farmer, H. S.(1976). What inhibits achievement and career motivation in women? *The Counseling Psychologist, 6*, 12-14.

Fitzgerald, L. F., & Betz, N. E.(1983). Issues in vocational psychology lf women. In W. B. Walsh & S. H. Osipow(Eds.), *Handbook of vocational psychology*. Hillsdale, NJ: Erlbaum.

Hackett, G., & Lonborg, S. D.(1993). Career assessment for women: Trends and issues. *Journal of Career Assessment, 1*, 197-216.

Harmon, L. W.(1977). Career counseling for women. In E. Rawlings & D. Carter(Eds.), *Psychotheraphy for women*. Springfield, IL: Thomas.

Hollinger, C. L.(1991). Facilitating the career development of gifted young women. *Roeper Review, 13*(3), 135-140.

Marcia, J. (1994). The empirical Study of ego identity. In H. A. Boston, T. L. G Grotevant & D. J. De Levita(Eds.), *Identity and development*. Newbury Park, CA: Sage.

Super, D. E.(1990). A life span, life-space approach to career development. In D. Brown & L. Brooks (Eds.), *Career choice and development*(2nd ed.). San Francisco: Jossey-Bass.

Super, D. E., & Nevill, D. D.(1984). Work role salience and a determinant of career maturity in high school students. *Journal of Vocational Behavior, 25*, 30-44.

Swanson, J. L., & Woitke, M. B.(1997). Theory into practice in career assessment for women: Assessment and interventions regarding perceived career barriers. *Journal of Career As-*

sessment, 5(4), 443-462.

Waterman, A. S. (1985). Identity in the context of adolescent psychology: Alan S. Waterman(ed). *Identity in addescence' Processes and contents. New Directions for Child Development* (pp. 5-24). San Francisco: Fossey-Bass.

http://www.newstalk.kr/news/articleView.html?idxno=3330

http://ko.wikipedia.org/wiki/

http://www.jbnews.com/news/articleView.html?idxno=1207458

https://www.yna.co.kr/view/AKR20190501031900002?input=1195m

저자소개

류민임

부산여자대학교 유아교육과 교수

부산대학교 유아교육과 교육학석사

대구대학교 유아교육과 교육학박사

대학생을 위한

인성 · 예절 교육

초 판 1쇄 발행 2019년 8월 12일
초 판 3쇄 발행 2023년 1월 16일

지 은 이 | 류민임
펴 낸 이 | 김기섭
책임편집 | 이윤미
펴 낸 곳 | 창지사 www.changjisa.com
08589 서울시 금천구 가산디지털 1로 83 파트너스타워1차 9층
전화 (02) 719-2211~3
팩스 (02) 701-9386
등 록 | 1977년 4월 28일 · 제1-421호

ISBN 978-89-426-1243-7 (93370)

값 15,000원